DEN LILLA GUIDEN TILL SJÄLVDISCIPLIN

FÅ SAKER GJORDA, NÅ DINA MÅL OCH FÖRÄNDRA DITT LIV

PATRIK EDBLAD

DISCLAIMER

Vänligen notera att den här boken endast ska användas i underhållningssyfte. De åsikter som uttrycks är författarens egna och ska inte tas som expertinstruktioner eller anvisningar. Läsaren är själv ansvarig för sina handlingar.

LADDA NER DIN TILLHÖRANDE ARBETSBOK

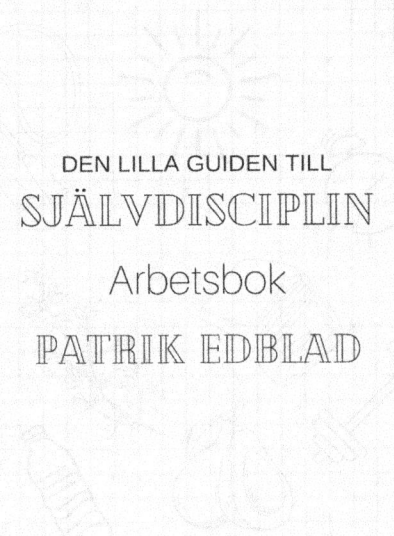

Vi kommer att gå igenom många strategier i den här boken. För att göra det så enkelt som möjligt att applicera dem i ditt liv så har jag gjort en tillhörande arbetsbok. Med hjälp av den kommer du enkelt att kunna göra uppgifterna i slutet av varje kapitel och på så sätt få ut så mycket som möjligt av den här boken. Besök webbadressen nedan för att ladda ner din arbetsbok—helt gratis:

→ patrikedblad.se/arbetsbok ←

FÖRORD

För några år sedan intervjuade jag ett 50-tal chefer. Jag ville veta vad som fungerade och vad som inte fungerade i deras arbete och liv.

En sak som slog mig var att chefer, också höga chefer, i stort sett var som alla vi andra. De kämpade med ungefär samma saker, de upplevde ungefär samma osäkerheter, de hade ungefär samma nojjor och frustrationer.

Det jag framför allt tog med mig från dessa intervjuer var dock någonting annat. En av cheferna, låt oss kalla henne Jenny, var mycket framgångsrik. Mitt intryck av Jenny var att hon var trygg. Både i sig själv, i sin kompetens och i sin ledarroll. Hon hade koll, helt enkelt.

Det är fascinerande att prata med människor som är genuint skickliga i det de gör. Oavsett om de är ledare, hantverkare, idrottare eller javaprogrammerare. Min erfarenhet är att de tänker annorlunda än oss andra. De fokuserar på andra saker. De låter inte vissa saker störa dem.

När jag frågade Jenny om hon kunde peka på varför det hade gått så bra för henne, såväl personligt som professionellt, kom svaret snabbt. Det lät ungefär så här:

"I hela mitt liv har jag varit intresserad av personlig utveckling. Jag har läst massor av böcker. Jag har lärt mig teorierna. Ändå fick jag det inte att lossna. Vändningen kom när jag beslutade mig för att sluta sluka böcker och istället göra som böckerna sa. Jag började föra in några av de här verktygen i mitt liv. Då gick det fort åt rätt håll."

Så enkelt. Så självklart. Ändå är det nästan ingen som gör det. För att få resultat behöver jobbat göras. Kunskapen behöver omsättas i handling.

Den här boken ger dig all kunskap du behöver för att bygga din självdisciplin. Du får också exakta instruktioner på hur du kan ta de här koncepten från teori till praktik. Resten är upp till dig.

I flera år har jag tjatat på Patrik att han skulle ge ut en bok på svenska. Nu har det äntligen skett.

När manuset till *Den lilla guiden till självdisciplin* damp ner i min mailkorg blev jag glad. Inte bara för min skull utan även för den svenskspråkiga publiken.

Patrik har under många år skrivit med stor framgång till en internationell publik. Hans böcker har toppat listorna och varit bästsäljare på Amazon. Hans artiklar har publicerats i de största onlinemagasinen.

Det har till och med hänt att jag googlat något ämne för min egen research och när jag läst artikeln som låg i topp sett att den var skriven av Patrik. Ett bättre bevis på genomslag går inte att få.

Patriks styrka är hans förmåga att göra komplicerade teorier enkla att förstå och applicera. Och när man väl börjat läsa vill man inte sluta. En perfekt kombination av nytta och nöje.

Därför antar jag att man kan använda *Den lilla guiden till självdisciplin* på två sätt:

Vill du ha intressanta historier att imponera med på nästa middagsbjudning ska du läsa den.

Vill du bygga den viktigaste kompetensen för långsiktig lycka och framgång ska du göra som den säger.

Daniel Sjöstedt
Grundare av Monkeymindset.se

INNEHÅLLSFÖRTECKNING

DEL 1

INTRODUKTION

VIKTEN AV SJÄLVDISCIPLIN

1940 höll försäkringstjänstemannen Albert Gray ett föredrag som kom att bli oerhört populärt. I sitt tal förklarade Gray att han ville ta reda på vad som utmärker framgångsrika personer. Och han var så angelägen att hitta svaret att han gav sig ut på en flera årtionden lång upptäcktsfärd för att hitta det.

Först gick han igenom all den tillgängliga forskningen på områden som motivation, beteende, prestation och arbetstillfredsställelse. Sedan läste han tusentals böcker, tidskrifter och biografier. Och slutligen lade han över tjugo år på sin egen empiriska forskning.

I slutändan var hans slutsats lika enkel som den var insiktsfull: "Den gemensamma nämnaren för framgång—hemligheten bakom varje person som någonsin varit framgångsrik—ligger i det faktum att han eller hon gjorde en vana av att göra saker som andra inte vill göra."

MARSHMALLOWTESTET

Några årtionden senare, i slutet på 60-talet och början på 70-talet, genomförde psykologen Walter Mischel en rad experiment. Tillsammans med sitt forskarlag undersökte han förskoleelevers självkontroll med ett enkelt test.

De började med att visa varje barn en tallrik med marshmallows. Barnet fick sedan veta att forskarna behövde lämna rummet i några minuter. Innan de gick ut gav de barnet två alternativ: "Om du väntar till jag kommer tillbaka så får du två marshmallows. Om du inte klarar av att vänta kan du ringa i en klocka så kommer jag tillbaka direkt—men då får du bara den marshmallow som ligger framför dig."

Som väntat reagerade barnen på väldigt olika sätt. Vissa åt sin marshmallow i samma sekund som forskarna stängde dörren. Andra gjorde allt i sin makt för att motstå frestelsen. De krängde, studsade och sköt runt sina stolar, men gav till sist ändå efter för lockelsen. I slutändan lyckades endast ett fåtal av barnen vänta till forskarna återvände med en andra marshmallow.

VAD EN TALLRIK MED MARSHMALLOWS KAN LÄRA OSS OM FRAMGÅNG

Syftet med experimenten var inte att studera barnens strategier för att undvika sina marshmallows (även om de bjöd på stor underhållning).

Det var inte förrän många år senare, när Mischel besökte barnen från sina experiment, som han fick sina resultat och gjorde en banbrytande upptäckt.

När han intervjuade deltagarna, som nu var i tonåren, märkte Mischel och hans forskarlag att barnen som väntat längre i marshmallowtestet var mer sannolika att ha högre betyg i skolan.

Deras föräldrar uppfattade dem dessutom som bättre på att planera, hantera stress, behålla sin självkontroll i frustrerade situationer och på att koncentrera sig utan att bli distraherade.

Det visade sig alltså att Mischels enkla marshmallowtest på många sätt kunde förutse hur framgångsrika barnen skulle bli senare i livet.

DET FRAMGÅNGSRIKA PERSONER GÖR ANNORLUNDA

Enligt Albert Gray är det som utmärker framgångsrika personer deras förmåga att göra saker som andra inte gillar att göra. Och det var också precis det som utmärkte deltagarna i Walter Mischels experiment.

Barnen som klarade av att motstå lockelsen att äta sin marshmallow—att göra det de andra barnen inte ville göra—blev mer framgångsrika.

Det är det här som framgångsrika personer gör annorlunda: de gör vad de behöver göra för att få de resultat de vill ha—oavsett om de känner för det eller inte. Och eftersom de konsekvent gör vad andra inte gör, så får de resultat som andra inte får.

FRAMGÅNG KRÄVER SJÄLVDISCIPLIN

Oavsett vad du vill uppnå så behöver du vara disciplinerad. Framgång kräver nästan alltid att du undviker någonting enkelt och i stället gör någonting svårt. Och de goda nyheterna är att du kan träna upp den här förmågan.

I den här boken kommer jag att visa dig hur du kan bli en disciplinerad person. Jag kommer att lägga fram alla de fundamentala vanor och strategier du behöver för att utveckla en stark självdisciplin. Du kommer att lära dig exakt samma rutiner och metoder som jag själv använder varje dag och som jag använt för att hjälpa hundratals coachingklienter och tusentals läsare att skapa den självdisciplin de behöver för att uppnå sina mål.

Och jag kommer att ta din hand och guida dig steg för steg på vägen. Allt du behöver göra är att följa med och utföra uppgifterna i slutet på varje kapitel.

ETT BRA LIV ÄR ETT DISCIPLINERAT LIV

Trots allt prat om framgång så här långt handlar den här boken egentligen om någonting djupare. Föreställ dig för ett ögonblick att du är den typen av person som kan göra det du behöver göra, när du behöver göra det, oavsett om du känner för det eller inte. Hur skulle det kännas att:

» kliva upp utan att snooza på morgonen;
» följa den morgonrutin du alltid velat ha;
» alltid hålla tiden;
» starta varje arbetsdag med att göra den svåraste uppgiften först;
» äta hälsosamt genom hela dagen;
» dyka upp på gymmet som planerat;
» alltid hålla dina löften till dig själv och människorna omkring dig?

Det skulle kännas fantastiskt bra, eller hur? Det beror på att du, och alla andra människor, har ett djupt behov av självförverkligande—att väcka dina slumrande förmågor och uttrycka din fulla potential. Det är därför självdisciplin är en så oerhört viktig förmåga. Inte för att den leder till framgång (även om det är en trevlig sidoeffekt), utan för att den här förmågan är en förutsättning för ett lyckligt och tillfredsställande liv.

Och det är den stora fördelen som du i slutändan kommer att få ut av den här boken.

NU BÖRJAR VI!

Om du läser och applicerar det du lär dig i den här boken så lovar jag att du kommer att utveckla en stark självdisciplin.

Du kommer att märka att du gör vad du behöver göra, oavsett om du känner för det eller inte. Du kommer att göra det som andra inte tycker om att göra och få resultat som de flesta andra inte får. Och du kommer att få uppleva tillfredsställelsen och lyckan som uppstår när du ger uttryck för din fulla potential.

Den legendariska psykologen Abraham Maslow sa att: "Om du medvetet planerar att vara mindre än du är kapabel att vara så varnar jag dig att du kommer att vara olycklig i resten av ditt liv."

Så vänta inte med att ta tag i din självdisciplin. Du är skyldig dig själv att utveckla den här förmågan från och med *nu*.

I nästa del kommer vi att ta en snabbtitt på hur du kan använda den här boken på bästa sätt. Sedan går vi steg för steg igenom *Den lilla guiden till självdisciplin*.

Är du beredd? Då börjar vi!

SÅ ANVÄNDER DU DEN HÄR BOKEN

Den lilla guiden till självdisciplin består av tre delar. Del 1 är introduktionen och det är delen du läser just nu. I del 2 kommer vi att gå igenom de fundamentala vanorna för självdisciplin. Och till sist, i del 3, kommer vi att utforska de mest effektiva strategierna du kan använda för att dyka upp och göra det du behöver göra varje dag.

När du läser de kommande kapitlen så ber jag dig att göra det på ett aktivt sätt. Fundera på hur du skulle kunna använda vanorna och strategierna i ditt liv. Och, viktigast av allt, applicera det du lär dig. Den här boken innehåller allt du behöver för att utveckla en stark självdisciplin. Men det kommer bara att ske om du faktiskt använder rutinerna och metoderna.

Så bestäm dig redan nu för att experimentera med det du lär dig. Det kommer inte att vara lika bekvämt som att bara läsa, men det kommer att göra hela skillnaden i hur mycket du får ut av boken.

Välj att, från och med nu, se på besvärligheter som möjligheter att växa. Föreställ dig att det motstånd du upplever är en hantel i ditt mentala gym. Varje gång den här hanteln dyker upp så kan du använda den för att träna din mentala styrka.

Låt den obekväma känslan bli en trigger för dig att agera. Ta dig an motståndet varje gång. Igen och igen och igen. Om du gör det så kommer du märka att det blir lite enklare varje gång du gör det. Du kommer att visa dig själv att du alltid kan välja din respons. Du kommer att träna upp din mentala motståndskraft. Du kommer att bli mer bekväm med att vara obekväm. Du kommer, med andra ord, att utveckla en stark självdisciplin.

Jag rekommenderar att du börjar med att läsa igenom hela boken så att du får en tydlig överblick av vanorna och strategierna. Ladda sedan ner arbetsboken och gör alla uppgifter.

Nu kör vi igång!

DEL 2

VANOR FÖR SJÄLVDISCIPLIN

BEMÄSTRA DET FUNDAMENTALA

Vince Lombardi var en av de bästa och mest framgångsrika tränarna inom amerikansk fotboll någonsin. Under 1960-talet ledde han sitt lag, Green Bay Packers, till fem NFL-mästerskap på sju år. Under samma period vann hans lag också de två första Superbowl-finalerna, i slutet av NFL-säsongerna 1966 och 1967. Idag har Lombardi en plats i The Pro Football Hall of Fame och Super Bowl-trofén bär hans namn.

Att göra ett sådant avtryck inom sin sport är så klart en oerhört imponerande bedrift. Så vad var det som gjorde Lombardi till en av de bästa tränarna någonsin?

"DET HÄR ÄR EN FOTBOLL."

I sin bok *When Pride Still Mattered* beskriver journalisten David Maraniss vad som hände när Lombardi klev in på sitt lags tränings-läger under sommaren 1961:

Han tog ingenting för givet. Han gjorde en tradition av att börja om från början och att anta att spelarna var oskrivna blad som inte bar med sig någon kunskap från året innan. Han började med det mest grundläggande konstaterandet av alla. "Mina herrar," sa han, med en boll i sin högra hand, "det här är en fotboll."

"Det här är en fotboll." Tänk dig att få den instruktionen som professionell spelare. Du skulle förmodligen tro att tränaren är knäpp. Och ändå var det just hans metodiska fokus på det allra mest fundamentala som gjorde Lombardi till en av de största idrottstränarna genom historien.

Och han är inte ensam. Ett noggrant fokus på det mest fundamentala har varit ett återkommande inslag hos många framgångsrika tränare. Den legendariska baskettränaren John Wooden, till exempel, lärde sina professionella spelare hur de skulle ta på sig sina strumpor och knyta sina skor.

DE FYRA FUNDAMENTALA VANORNA FÖR SJÄLVDISCIPLIN

Så, vad har ett fokus på det fundamentala med självdisciplin att göra? Svaret på den frågan, i ett ord, är *allt*. Det finns fyra grundläggande vanor som alla behöver ta hand om för att kunna må bra och prestera på topp:

1. Sömn
2. Kost
3. Rörelse
4. Mindfulness

Om du vill leva ett hälsosamt och produktivt liv så måste du bemästra dessa fundamentala vanor. Om du sköter dem så kommer du att ta dig an varje dag lugn, fokuserad och energisk. Men om du missköter dem så kommer du istället att vara stressad, ofokuserad och trött.

UPPÅT- OCH NEDÅTSPIRALER

En intressant aspekt av de här fundamentala vanorna är att de hela tiden påverkar varandra. Beroende på hur väl du tar hand om dem så kommer de att skapa uppåt- eller nedåtgående spiraler.

Föreställ dig, till exempel, att du får en god natts sömn. Det ger dig tillräckligt med energi för att gå på gymmet. Efter att du tränat så kommer du att vilja ge din kropp hälsosam mat. Den extra energin du får från kosten hjälper dig att bibehålla din meditationsträning. Och din meditation ger dig, i sin tur, en känsla av lugn som förbättrar din sömnkvalitet ännu mer kommande natt.

En natt med dålig sömn kan däremot innebära att du känner dig för trött för att gå på gymmet. För att kompensera för sömnbristen och den uteblivna fysiska aktiviteten skapar din hjärna ett sug efter snabb energi. Det leder till att du äter snabbmat, varpå ditt blodsocker skjuter i höjden och kraschar. Du orkar inte meditera och påföljden blir att du sover ännu sämre nästa natt.

Om du vill utveckla en stark självdisciplin är det helt nödvändigt att du bemästrar de här vanorna. Du kan inte vinna basketmatcher utan ordentligt knutna skor. Och du kan inte vinna i livet utan att dina fundamentala vanor är ordentligt på plats.

FASTSTÄLL DIN VIKTIGASTE "HÖRNSTENSVANA"

I de kommande kapitlen kommer vi att gå igenom hur du bemästrar sömn, kost, rörelse och mindfulness. Jag rekommenderar att du börjar arbeta med en av dem först. Fråga dig själv vilken av dessa vanor som är din viktigaste "hörnstensvana". Med andra ord, vilken av de här vanorna har haft den starkaste tendensen att "spilla över" och skapa ringar på vattnet i ditt liv?

Min viktigaste hörnstensvana är utan tvekan sömn. Om jag sover gott så är alla de andra fundamentala vanorna mycket enklare att hålla på plats. Men om jag sovit dåligt så djupdyker min självdisciplin och jag blir inte heller jätterolig att umgås med (vilket min fru kan intyga).

Så att få tillräckligt med sömn är en viktig prioritering för mig. För dig kan det vara viktigare att äta bra, träna eller meditera. Om så är fallet rekommenderar jag att du börjar där. För när du väl får den där största och viktigaste hörnstensvanan på plats kommer du märka att allt annat blir mycket enklare.

Du kan med fördel göra uppgifterna i slutet på varje kapitel i din tillhörande arbetsbok.

Nu börjar vi!

KAPITEL 1

SÖMN

Professor James Maas är en av världens ledande forskare och utbildare inom sömn. I sin bok *Power Sleep* förklarar han att de flesta människor historiskt sovit ungefär tio timmar per natt. Men så, 1879, uppfann Thomas Edison det elektriska ljuset.

Plötsligt var vår aktivitet inte längre begränsad till det naturliga dagsljuset och våra sömnvanor började förändras. Under det kommande årtiondet minskade människor gradvis sin sömntid med 20 procent, till åtta timmar per natt.

Men det stannade inte där. Forskning visar att amerikaner numera snittar ungefär sju timmars sömn per natt. En tredjedel av befolkningen sover mindre än sex timmar per natt. Minst 50 procent av den vuxna befolkningen lider av kronisk sömnbrist. Och den här förödande trenden utspelar sig i hela den industrialiserade världen.

Enligt Maas är "sömn inte en lyx utan en nödvändighet":

Nya studier på den neurologiska, kemiska och elektriska aktiviteten i den sovande hjärnan(...) visar att så lite som minimal sömnbrist kan ha betydande negativa effekter på humör, kognition, prestation, produktivitet, kommunikationsförmåga, antal olycksfall och allmänhälsa, inklusive mag-tarmsystemet, kardiovaskulär funktion och immunsystem.

Om du vill må bra och prestera på topp finns det alltså inga genvägar här — du *måste* få tillräckligt med sömn.

HUR MYCKET SÖMN BEHÖVER DU?

För att hitta svaret på den här frågan kommer vi att ta en titt på en studie utförd av forskare vid Washington State University och University of Pennsylvania. De påbörjade sitt experiment genom att samla 48 personer som snittade 7-8 timmars sömn per natt. Dessa deltagare delades sedan in i fyra grupper.

1. Grupp ett fick vara uppe i tre raka dygn utan att sova.
2. Grupp två sov fyra timmar per natt i två veckor.
3. Grupp tre sov sex timmar per natt i två veckor.
4. Grupp fyra sov åtta timmar per natt i två veckor.

Forskarna testade sedan samtliga deltagares fysiska och mentala prestation löpande under hela experimentet. Deltagarna i grupp fyra, som sov åtta timmar per natt, uppvisade inga försämringar i kognition, uppmärksamhet eller motoriska färdigheter. Samtidigt presterade grupp två och tre, som sov fyra respektive sex timmar per natt, sämre för varje dygn som gick. Grupp två, som bara fick fyra timmars sömn per natt, gjorde sämst ifrån sig. Men grupp tre, som fick sex timmar, var inte särskilt mycket bättre. När studien var över hade forskarna gjort två intressanta upptäckter:

1. Sömnskuld är kumulativt. Efter en vecka somnade 25 procent av deltagarna i grupp tre, som sov sex timmar per natt, vid slumpmässiga tidpunkter under dagen. Efter två veckor hade de samma prestationsförsämringar som de hade haft om de varit vakna i två dygn. Det är värt att upprepa: om du sover sex timmar per natt i två veckor så är din mentala och fysiska prestationsförmåga lika dålig som om du varit vaken i 48 timmar i sträck.

2. Prestationsförsämringar går obemärkt förbi. När deltagarna betygsatte sig själva så trodde de att deras prestation blivit sämre i några dagar och sedan stabiliserat sig. Men i själva verket presterade de sämre för varje dag under hela experimentet. Vi är alltså väldigt dåliga på att själva bedöma vår egen prestationsförmåga. Även om du tror att du sover tillräckligt för att prestera optimalt finns det en stor risk att du ändå inte gör det.

FÅR DU TILLRÄCKLIGT MED SÖMN?

Enligt James Maas behöver de allra flesta vuxna mellan 7,5 och 9 timmars sömn per natt. Om du tycker det låter mycket så håller jag med dig. Men bara i jämförelse med vad samhället anser vara normalt. Och bara för att de flesta människor inte återhämtar sig tillräckligt för att må bra och prestera på topp så betyder inte det att du måste göra samma sak. Som Krishnamurti skriver i boken *Think on These Things*: "Det är inte ett mått på hälsa att vara välanpassad till ett sjukt samhälle."

För att säkerställa att du får tillräckligt med sömn, svara på följande frågor:

» Hur mycket sömn får du varje natt?

» Somnar du i samma ögonblick som du lägger huvudet på kudden?

» Behöver du en väckarklocka för att vakna på morgonen?

Om du sover färre än åtta timmar per natt, om du brukar somna ögonblickligen, eller om du behöver en väckarklocka för att vakna, så lider du sannolikt av sömnbrist. Andra vanliga tecken på sömnbrist är svårigheter att ta sig ur sängen, att känna sig trött, irriterad och stressad under arbetsveckan, koncentrationssvårigheter och dåligt minne, samt att somna framför TV:n.

Du vet att du får tillräckligt med sömn när du känner dig energisk, klarvaken och alert hela dagen utan en större energidipp på eftermiddagen. Låt oss ta en titt på hur du kan uppnå det.

1. GÖR DITT SOVRUM TILL ETT SÖMNPARADIS

Se till att din omgivning är optimerad för god sömn. Sömnforskare rekommenderar att du justerar ditt sovrum så att det är:

» **Mörkt.** Ljus, oavsett om det kommer från solen eller en lampa, signalerar till din hjärna att den ska vara vaken och hindrar sömnhormoner från att frisättas. Så se till att göra ditt sovrum så mörkt du kan eller skaffa en bekväm sovmask.

» **Svalt.** De flesta människor sover bäst i ett svalt rum. Den optimala temperaturen ligger oftast mellan 18°C och 21°C. Ställ, om möjligt, in rumstemperaturen inom det spannet.

» **Tyst.** En tyst omgivning är nödvändigt för god sömn. Om det är svårt att få det helt tyst där du sover kan du använda ett par effektiva öronproppar.

2. JUSTERA DINA DAGLIGA VANOR

Du kan också påverka din sömn positivt genom att förändra några av dina dagliga vanor:

» **Inget koffein efter lunch.** Koffein har en halveringstid på cirka 5-8 timmar. Det innebär att om du dricker en kaffe med 200 mg koffein klockan 10:00 så är 100 mg av det fortfarande kvar i ditt system så sent som 14:00. Så om du ska använda koffein, gör det så tidigt som möjligt och helst inte senare än lunch. Om du vill dricka kaffe senare under dagen är det bäst att välja koffeinfritt.

» **Inga tunga träningspass tre timmar innan sängdags.** Träning är jättebra för din sömnkvalitet. Men inte om du gör den för nära läggdags. Det beror på att träning på kvällen höjer din kroppstemperatur när den egentligen ska sjunka. Så se till att du inte tränar för sent.

» **Inget ätande tre timmar innan läggdags.** Din kropp måste arbeta hårt för att smälta maten du äter. Tvinga den inte att göra det arbetet när den egentligen ska varva ner och återhämta sig.

» **Ingen tobak.** Tobaksanvändande är som bekant kopplat till en lång rad hälsoproblem och dålig sömn är ett av dem. Om du vill sluta använda tobak kan Allen Carrs bok *Äntligen icke-rökare!* vara till stor hjälp.

3. OPTIMERA DIN SÖMN

Och avslutningsvis så kommer här några tips på hur du kan få ut så mycket som möjligt av din sömn varje natt:

» **Fastställ din personliga sömnkvot.** Det här är det antal timmars sömn du behöver per natt. Kom ihåg att ditt behov sannolikt ligger mellan 7,5 och 9 timmar. James Maas rekommenderar att du räknar ut din personliga sömnkvot genom att lägga dig vid en tid som ger dig åtta timmars sömn. Om du inte vaknar upp utan väckarklocka och känner dig helt utvilad utökar du successivt sovtiden med 15 minuter tills du gör det.

» Skapa en god dygnsrytm. När du fastställt din sömnkvot, håll dig till den. Lägg dig vid samma tid varje kväll och kliv upp samma tid varje morgon— helst även på helgerna. Du behöver så klart inte göra det här perfekt, men du vill vara någorlunda nära. Regelbundenhet är viktigt för att ställa in och stabilisera din inre sömnklocka.

» Utveckla en kvällsritual. För att sova gott genom hela natten behöver du förbereda din kropp för den långa perioden av inaktivitet som ska komma. Ägna därför den sista timmen före sängdags till att skapa lugn och ro. Stäng av alla dina skärmar (t. ex. TV, dator och mobiltelefon) och gör någonting avkopplande. Några lämpliga alternativ är meditation, ett varmt bad, avslappnande musik, lätt stretching eller läsning.

———

KAPITEL 1: SNABBSUMMERING

» Om du vill må bra och prestera på topp måste du få tillräckligt med sömn.

» Sömnskuld är kumulativt. Om du sover sex timmar per natt i två veckor så är din mentala och fysiska prestation lika dålig som om du varit vaken i 48 timmar i sträck.

» Prestationsförsämringar går obemärkt förbi. Även om du tror att du sover tillräckligt är risken stor att du ändå inte gör det.

» Om du sover färre än åtta timmar per natt, om du brukar somna omedelbart, eller om du behöver en väckarklocka för att vakna så är det sannolikt att du lider av sömnbrist.

» De flesta vuxna behöver 7,5 till 9 timmars sömn per natt.

———

UPPGIFTER

GÖR DITT SOVRUM TILL ETT SÖMNPARADIS

✓ Gör det mörkt.
✓ Gör det svalt.
✓ Gör det tyst.

JUSTERA DINA DAGLIGA VANOR

✓ Inget kaffe efter lunch.
✓ Inga tunga träningspass tre timmar innan läggdags.
✓ Inget ätande tre timmar innan läggdags.
✓ Ingen tobak.

OPTIMERA DIN SÖMN

✓ Fastställ din personliga sömnkvot.
✓ Skapa en god dygnsrytm.
✓ Etablera en avkopplande kvällsritual.

KAPITEL 2

KOST

Skulle det inte vara smidigt om du kunde gå till affären och köpa lite självdisciplin? På sätt och vis så kan du faktiskt det. Varje gång du går till mataffären så kan du välja kost som stöttar din hälsa, ditt välmående och din prestationsförmåga.

Bra mat hjälper till att hålla dig alert, energisk och produktiv genom hela dagen. Dålig mat, å andra sidan, har motsatta effekter.

God kosthållning är därför en avgörande faktor för din självdisciplin. Bra mat förser din kropp med de byggstenar och det bränsle den behöver för att du ska kunna hålla dig frisk och kontinuerligt göra framsteg mot dina mål.

Så hur kan du avgöra vilka livsmedel du bör äta?

EN ENKEL TUMREGEL FÖR HÄLSOSAM KOST

Det finns så många kostupplägg där ute att det är lätt att bli överväldigad och fastna innan du ens börjat. Medelhavsdieten, Atkinsdieten, växtbaserade upplägg, paleokost, veganskt, raw food och LCHF är bara toppen av ett isberg.

Med så många alternativ att välja mellan, hur ska du kunna veta var du ska börja? Min erfarenhet är att det är bäst att hålla det här så enkelt som möjligt. Din kost är bra om:

1. Den ger din kropp de näringsämnen den behöver.
2. Den inte ger din kropp för många kalorier.
3. Den inte innehåller en massa ohälsosamma ämnen, såsom transfetter och skadliga kemikalier.

En användbar tumregel är därför att äta mat med en bra balans mellan näringsämnen och kalorier, utan för mycket dåliga ämnen.

EN LISTA MED BRA MAT

Du har bara några få tillfällen varje dag att förse din kropp med kraftfullt bränsle och starka byggstenar. Så, slösa inte bort dem. Ta de chanser du får att ge din kropp det den behöver.

Leo Babauta från Zen Habits rekommenderar följande hälsosamma alternativ:

» **Gröna bladgrönsaker.** De här näringstäta grönsakerna innehåller massvis av nyttiga vitaminer, mineraler och fibrer, utan stora mängder kalorier eller ohälsosamma ämnen. Några exempel är broccoli, grönkål, spenat, pak choi, sareptasenap och romansallad.

» **Färgglada grönsaker och frukter.** Dessa innehåller näringsämnen som du inte får särskilt mycket av någon annanstans, såsom A-vitamin, C-vitamin och kalium. Några exempel på grönsaker är morötter, squash och tomater. Och några exempel på frukter är bananer, apelsiner och mangos.

» Lök och vitlök. Dessa är två av de bästa och billigaste grönsakerna. De skyddar mot inflammation, infektioner orsakade av bakterier och virus (t. ex. förkylning och influensa), hjärt-kärlsjukdomar och cancer.

» Bönor. Svarta bönor, röda bönor, vita bönor, linser och ärtor är alla utmärkta källor till mineraler, fibrer och protein.

» Nötter och frön. Valnötter, mandlar, cashewnötter, pumpafrön och chiafrön innehåller massor av protein och hälsosamma fetter.

» Proteiner. Köttätare bör i första hand få sitt protein från fisk och fågel. Rött kött—som exempelvis korv, bacon, biff och hamburgare—bör ätas i måttliga mängder då det visat sig öka risken för cancer. Vegetarianer och veganer kan få sitt protein från grönsaker, fullkorn, tofu, tempeh, quorn och drycker som mandel- och sojamjölk.

» Fetter. Fleromättade fetter är särskilt nyttiga då de visat sig minska risken för cancer och hjärt-kärlsjukdomar. Några exempel är avokado, valnötter, solrosfrön, olivolja, fisk och sojabönor.

» Drycker. Vatten är bäst men svart kaffe eller te går också bra. Du bör försöka undvika sockerhaltiga drycker och stora mängder alkohol.

GÖR DIN FÖRÄNDRING GRADVIS

Det kan kännas lockande att försöka lägga om hela din kost i ett svep. Men om du försökt det någon gång så vet du hur svårt det är.

Det blir väldigt snabbt mycket jobb med att lära sig nya recept. Och sociala tillställningar blir ofta ett problem eftersom du inte vet vad du ska äta. Det är därför lätt till att du blir överväldigad och börjar sakna din gamla kost. Och innan du vet ordet av så är du tillbaka där du började.

För att undvika det scenariot rekommenderar jag en gradvis förändring. I stället för att försöka göra en stor och abrupt förvandling av din kost kan du göra en enda liten förändring varje vecka. Det kommer göra det mycket enklare och smidigare att byta till din nya kost. Du slipper bli överväldigad och du kommer att ha mycket roligare under tiden. Här är några exempel på små förändringar du kan göra:

» Lägg till en frukt till din frukost.
» Ta bort socker från kaffet.
» Lägg till en grönsak till din lunch.
» Byt till en nyttigare efterrätt som, exempelvis, mörk choklad.
» Ät en frukt på eftermiddagsfikat.
» Lägg till en grönsak till din middag.
» Ät inte efter klockan 20:00.
» Drick en alkoholhaltig dryck mindre varje vecka.
» Lär dig ett nyttigt recept varje lördag.
» Förbered matlådor på söndagar.

Jag skulle kunna ge många fler exempel, men du förstår vad jag menar. Om du kontinuerligt gör små förändringar som dessa kommer du att bli positivt överraskad över hur snabbt du övergår till en betydligt bättre kost.

"PUFFA" DIG SJÄLV MOT HÄLSOSAMMA VAL

En annan effektiv strategi för att förändra din kost är att förändra din omgivning. I sin bok *Mindless Eating* rekommenderar beteendeforskaren Brian Wansink följande strategier:

» **Använd små tallrikar.** Mängden mat du äter avgörs till stor del av hur stora tallrikar du använder. Om du börjar servera din middag på 25-centimeterstallrikar istället för 30-centimeterstallrikar så kommer du under ett år att äta runt 20 procent mindre mat. Så om du vill minska mängden mat du äter är mindre tallrikar en bra investering.

» **Välj dina glas noga.** Våra hjärnor uppfattar höga och smala dricksglas som större än korta och tjocka glas. Och det påverkar hur vi använder dem. Forskning visar att vi dricker ungefär 20 procent mindre från ett högt och smalt glas jämfört med ett kort och tjockt.

» **Lägg nyttiga snacks på lättillgängliga ställen.** Du kan till exempel placera en skål med frukt eller nötpåsar intill ytterdörren. På så sätt kan du öka sannolikheten att du får med dig någonting nyttigt när du är på väg hemifrån.

» **Gör onyttiga val svåra och nyttiga val enkla.** Slå in onyttig mat i aluminiumfolie och göm den längst bak i kylen. Använd i stället plastfolie till nyttig mat och placera den längst fram.

Genom att proaktivt förändra din omgivning på de här sätten kommer den hela tiden att "puffa" dig mot bättre beslut. Och på så sätt kan du förbättra din kost utan att du ens tänker på det.

———

KAPITEL 2: SNABBSUMMERING

» Varje gång du går till mataffären så har du möjligheten att välja mat som stöttar din hälsa, ditt välmående och din prestationsförmåga.

» En användbar tumregel är att äta mat med en bra ratio mellan näringsämnen och kalorier, utan för mycket dåliga ämnen.

» Försök att ta varje möjlighet att förse din kropp med kraftfullt bränsle och starka byggstenar.

» I stället för att försöka skapa en stor och abrupt förvandling av din kost, gör en enda liten förändring varje vecka.

» "Puffa" dig själv mot hälsosamma matvanor genom att förändra din omgivning.

––––––

UPPGIFTER

Välj hälsosam kost

✓ Basera din kost på mat med en bra ratio mellan näringsämnen och kalorier, utan för mycket dåliga ämnen.

Gör din förändring gradvis

✓ Gör en enda liten förändring i din kost varje vecka.

"Puffa" dig själv mot hälsosamma val

✓ Designa din omgivning så att den styr dig mot de kostvanor du vill ha.

KAPITEL 3

RÖRELSE

Ända sedan de första människorna befolkade jorden har vi jagat och samlat, dansat runt elden, vandrat, sprungit, hoppat, klättrat, krupit, lyft, simmat, slagits och haft sex. Belastningen från alla dessa rörelser har format oss från topp till tå.

I sin bok *Move Your DNA* förklarar biomekanikern Katy Bowman att det finns mer än en *biljon* celler i din kropp. Och nästan alla de här cellerna har utrustning som är specialiserad på att upptäcka dina rörelser. Så precis som kost, stress och faktorer i din omgivning kan förändra ditt DNA-uttryck, så kan din fysiska aktivitet också göra det.

Och det här är anledningen till att rörelse är en av våra fundamentala vanor. Varje funktion din kropp utför behöver rörelse för att fungera som de ska. Funktioner som immunförsvar, reproduktion och matsmältning kräver alla att du rör på dig. Du kan sova hur bra som helst och äta hur nyttigt du vill, men utan fysisk aktivitet kommer alla andra goda insatser du gör att motverkas på cellulär nivå. Din kropp är designad för rörelse och kan inte fungera opti-malt utan den.

RÖRELSE OCH TRÄNING

Det är skillnad på träning och rörelse. Styrketräning, löpning och simning är exempel på träning. Att gå på affären, ta trapporna på jobbet och sträcka på ryggen vid datorn är exempel på rörelse. Du kan tänka på det så här: rörelse överskrider och innefattar träning.

Den här skillnaden är viktig att förstå därför att vi kan vara både aktiva *och* stillasittande. Även om du plikttroget går till gymmet varje vecka så kommer din kropp att bli lidande om du sitter ner resten av dagarna. Forskning har visat att personer som spenderar mycket tid sittandes löper signifikant större risk att dö i förtid—oavsett om de tränar eller inte.

Visst, träning är viktigt, men vi behöver också *röra* på oss mycket mer. Hur mycket mer? Mänsklighetens historia kan ge oss en fingervisning. Idag skulle de flesta vara stolta om de fick in fem timmars fysisk aktivitet i veckan. Men det är inte ens i närheten av våra jägar-samlarförfäder. De var i rörelse upp till åtta timmar *om dagen*. Och även när de vilade så var det en aktiv typ av vila. De var ständigt "på tårna" och redo att röra på sig.

Med det sagt så behöver du så klart inte sälja alla dina prylar och leva som en nomad resten av livet. Några små enkla förändringar i din vardag kan ha enorm inverkan på din hälsa och ditt välmående. Och mer därtill.

FÖRDELARNA MED RÖRELSE

Idag är det allmän kännedom att fysisk aktivitet kan hjälpa oss gå ner i vikt, motverka sjukdomar och öka vår energi. Men det finns också mängder av andra fördelar. I sin bok *Spark* förklarar psykiatriprofessorn John Ratey att:

Fysisk aktivitet triggar biologiska förändringar som gör att hjärnceller kopplar ihop sig med varandra. Dessa kopplingar är nödvändiga för att hjärnan ska kunna lära sig; de återspeglar hjärnans fundamentala förmåga att anpassa sig till utmaningar. Ju mer neuroforskare upptäcker om den här processen, desto tydligare blir det att träning erbjuder ett oöverträffat stimulus för att skapa en miljö i vilken hjärnan är redo, villig och kapabel att lära sig.

Det här beror på att rörelse stimulerar frigörandet av flera hjälpsamma signalsubstanser som dopamin (som skapar motivation, uppmärksamhet och njutning), serotonin (som förbättrar inlärning och humör) och noradrenalin (som bidrar till vakenhet och uppmärksamhet). Och, viktigast av allt, så ökar rörelse produktionen av BDNF—ett protein som Ratey kallar "Miracle-Gro for the brain":

Forskare fann att om de strödde ut BDNF på hjärnceller i en petriskål så skapade cellerna automatiskt nya förgreningar och producerade samma strukturella tillväxt som krävs vid inlärning.

Rörelse är alltså lika viktigt för hjärnans funktion som det är för resten av kroppen. Och fysisk aktivitet har dessutom en direkt inverkan på vår självdisciplin. Forskning har visat två månaders träning kan vara tillräckligt för att signifikant öka förmågan att motstå frestelser och vara ihärdig i utmanande situationer.

Det låter som önskvärda förmågor, eller hur? Så hur går du då till väga för att göra träning och rörelse till naturliga inslag i din vardag?

HITTA DINA "MTR"

Det kan verka svårt att göra tid för rörelse varje dag. Men det behöver det faktiskt inte vara. I sin bok No Sweat rekommenderar motivationsforskaren Michelle Segar att försöka hitta dina "MTR"; möjligheter till rörelse. Det här är ett enkelt och effektivt sätt att öka din fysiska aktivitet. Om du bara letar efter dina MTR kommer du troligen att bli förvånad över hur många lämpliga till-fällen som faktiskt finns i din vardag.

Du kan hitta dina MTR genom att dela in dem i vad coachen Brian Johnson kallar för mikro-, mini- och makrorörelser:

» **Mikrorörelser** är enkla övergångar från statiskt till dynamiskt. Till exempel att stretcha ryggen varje gång du öppnar din e-post, ta trapporna istället för hissen, eller ändra sittställning var femtonde minut.

» **Minirörelser** är något längre dynamiska rörelser. Till exempel att göra en solhälsning varje morgon, göra fem armhävningar varje rast under dagen, eller att gå femtusen steg varje dag.

» **Makrorörelser** är detsamma som träningspass. Till exempel att löpa, dansa, styrketräna, utöva tai chi eller yoga.

Genom att regelbundet utföra alla dessa typer av rörelser fyller du din vardag med kontinuerlig fysisk aktivitet, samtidigt som du minskar ditt stillasittande. Jag rekommenderar att du börjar med att välja en mikro-, en mini- och en makrorörelse att implementera först. Till exempel:

» ryggstretching (mikrorörelse);
» solhälsning (minirörelse); och
» löpning (makrorörelse).

Använd sedan följande strategier för att göra varje typ av rörelse till en del av din dagliga rutin:

Skapa triggers

Innan dina rörelser har blivit vanemässiga behöver du etablera triggers som påminner dig om att göra dem. Det bästa sättet att göra det på är att skapa om-så-planer för varje rörelse. Till exempel:

» **Mikrorörelse:** *Om* jag öppnar min e-post, *så* kommer jag att stretcha ryggen.
» **Minirörelse:** *Om* jag kliver ur sängen på morgonen, *så* kommer jag att göra en solhälsning.
» **Makrorörelse:** *Om* jag lämnar kontoret på en måndag, onsdag eller fredag, *så* tar jag en löprunda.

Designa din omgivning

Se till att din omgivning är designad på ett sätt som "puffar" dig mot fysisk aktivitet utan att du tänker på det. Du kan, till exempel:

» skaffa en parkeringsplats längre från kontoret;
» placera din papperskorg på andra sidan rummet;
» skaffa ett höj- och sänkbart skrivbord;
» lägga din telefon en bit bort så att du måste kliva upp för att hämta den;
» göra "walk and talks" istället för att ha stillasittande möten.

Gör det till ett spel

Varje gång du utfört en mikro-, mini- eller makrorörelse kan du göra en liten notering i din kalender. I slutet av dagen kan du sedan räkna ihop dina rörelser och se hur det gick jämfört med tidigare dagar. Fortsätt notera nya rörelser varje dag och försök att röra dig lite mer för varje vecka.

———

KAPITEL 3: SNABBSUMMERING

» Det finns mer än en *biljon* celler i din kropp. Och nästan alla de här cellerna har utrustning som är specialiserad på att upptäcka dina rörelser.

» Din kropp är designad för rörelse. Om den inte får göra det så kommer den inte att fungera optimalt.

» Du kan vara aktiv *och* stillasittande. Även om du plikttroget går till gymmet varje vecka så kommer din kropp att drabbas negativt om du sitter ner resten av dagarna.

» Du behöver både träning och rörelse. Träning är aktiviteter som styrketräning, löpning och simning. Rörelse är aktiviteter som att gå till affären, ta trapporna på jobbet och stretcha ryggen vid datorn.

» Fysisk aktivitet är helt nödvändig, inte bara för din hälsa, utan även för din hjärna och självdisciplin.

———

UPPGIFTER

HITTA DINA MTR

✓ Bestäm dina första mikro-, mini- och makrorörelser.

SKAPA TRIGGERS

✓ Använd om-så-planer för att komma ihåg att göra dina rörelser.

DESIGNA DIN OMGIVNING

✓ Se till att din omgivning är designad på ett sätt som "puffar" dig mot fysisk aktivitet utan att du tänker på det.

GÖR DET TILL ETT SPEL

✓ Räkna dina rörelser, tävla med dig själv och försök att röra dig lite mer varje vecka.

KAPITEL 4

MINDFULNESS

Vi börjar det här kapitlet med ett litet experiment. Läs klart det här stycket och blunda sedan i 30 sekunder. Försök under den här halvminuten att inte tänka på någonting alls. Är du beredd? Bra! Blunda och stäng av tankarna... nu!

Min gissning är att det där var väldigt svårt. Mest troligt dök en mix av slumpmässiga tankar upp i ditt huvud. Kanske tänkte du på en arbetsuppgift som du måste lämna in imorgon. Eller en film som du såg nyligen. Eller en diskussion som du haft med en kompis.

Om du någonsin har testat meditation så är du välbekant med den här upplevelsen. Du sätter dig i tystnad och försöker fokusera på ett förbestämt objekt, så som din andning. Men innan du vet ordet av så har du glömt vad du skulle göra och i stället dragits in i din inre dialog.

Lärare inom zenbuddhismen pratar ofta om det här "sinnespladdret" som du just bevittnat. Och vad som är utmärkande för sinnespladdret är att det aldrig upphör.

Med hjälp av mindfulnessträning kan du dock dämpa sinnes-pladdret något. Och det kan vara en stor lättnad i sig. Men träningen för också med sig en annan betydande fördel. Och den fördelen är förmågan att kunna skilja på "de två sinnena". Låt mig förklara.

DET TÄNKANDE SINNET OCH DET OBSERVERANDE SINNET

Har du någonsin frågat dig själv: "Om det är mitt sinne som tänker, vem är det då som observerar att mitt sinne tänker?"

Hur går det egentligen ihop?

När du gjorde övningen i början på det här kapitlet och ditt sinne envisades med tänka på din arbetsuppgift som måste lämnas in, vem var det då som observerade att ditt sinne oroade sig för jobbet?

Det var ditt sinne som obseverade ditt sinne.

Inom zen kallas det här fenomenet för de två sinnena—det "tänkande sinnet" och det "observerande sinnet".

Det här konceptet har funnits inom buddhismen i århundraden och på senare tid har moderna terapiformer som acceptance and commitment therapy (ACT) också börjat använda det då visat sig väldigt användbart för att lösa emotionella problem.

EN PÅTRÄNGANDE ISBJÖRN

Problemet med det tänkande sinnet är att du inte helt kan kontrollera det. För att påvisa det ska vi göra ett till snabbt experiment. Läs återigen klart det nuvarande stycket och blunda sedan i 30 sekunder. Men den här gången får du tänka på precis vad du vill—utom en isbjörn. Är du beredd? Blunda!

Den här gången tänkte du garanterat på en isbjörn. Men inte nog med det. Du iakttog också dig själv tänka på isbjörnen. Ditt observerande sinne såg ditt tänkande sinne producera tankar och bilder på björnen. Det spelade ingen roll att du inte ville göra det. Faktum är att ju mer du försökte förtränga björnen, desto mer tänkte du troligtvis på den.

Det ligger i det tänkande sinnets natur att så gott som alltid vara aktivt. Det pladdrar på medan du står i kö, när du försöker lösa en krånglig uppgift på jobbet, när du "zonar ut" i samtal med andra och när du försöker somna.

Om ditt tänkande sinne hakar upp sig på en arbetsuppgift kan ditt observerande sinne inte stoppa det. Detsamma gäller för känslor. Och det är på det sättet som många av våra emotionella problem uppstår. Inte från negativa känslor i sig, utan från vår tendens att hjälplöst sugas in i dem.

FÖRSÖK INTE ÄNDRA—BARA OBSERVERA

Här är den viktigaste insikten i det här kapitlet: de flesta av våra negativa psykologiska och emotionella upplevelser uppstår för att vi inte kan uppfatta skillnaden mellan vårt tänkande sinne och vårt observerande sinne.

De flesta vill bli av med sina negativa tankar och känslor. De vill inte uppleva stress, ensamhet, ilska, avundsjuka och ångest. Och det är förståeligt. Men hur gärna du än vill det så kan du inte kontrollera dina tankar och känslor. Varför? Därför att de tillhör ditt tänkande sinne. Tankar och känslor har dykt upp genom hela ditt liv och de kommer fortsätta att göra det så länge du lever.

Men vad du kan göra är att ändra ditt *förhållningssätt* till de här tankarna och känslorna. Du kan lära dig att inte sugas in i dem när de uppstår. Med träning kan du utveckla förmågan att vara medvetet närvarande genom det observerande sinnet, utan att dras in i det drama som det tänkande sinnet skapar.

MINDFULNESS OCH METAKOGNITION

Forskaren och meditationsläraren Jon Kabat-Zinn är känd för att ha populäriserat mindfulness i västvärlden. I sin bok *Full Catastrophe Living* definierar han mindfulness som "att vara uppmärksam på ett särskilt sätt: medvetet, i nuet och icke-dömande."

Mindfulness är oerhört användbart därför att det ökar din metakognition—din förmåga att tänka om ditt tänkande. Och ju bättre du är på att göra det, desto mer kan du stanna i ditt observerande sinne, istället för att sugas in i tankarna och känslorna från ditt tänkande sinne.

Att öva mindfulness innebär att du lägger märke till det som händer i ditt sinne och din kropp utan att döma eller dras in i det. Ju mer du tränar, desto mer kommer det här sättet att förhålla dig till dina tankar och känslor att spilla över till resten av ditt liv. Och med tiden kommer du utveckla ett mer effektivt sätt att handskas med det som pågår inom dig.

MINDFULNESS FÖRÄNDRAR HJÄRNAN

Idén om att vi har två sinnen kanske låter lite flummig, men fördelarna med mindfulness är väldigt konkreta.

Hjärnavbildningsstudier har visat att en åttaveckorskurs i mindfulnessbaserad stressreduktion kan vara tillräckligt för att förändra hjärnan. Amygdala—en gammal del av hjärnan som är involverad i kroppens stressrespons—tenderar att krympa. Och prefrontala cortex—en nyare del som är involverad i uppmärksamhet, koncentration och beslutsfattande—tenderar att bli större.

På ett liknande sätt som fysisk träning skapar förändringar i dina muskler, skapar mindfulnessträning förändringar i din hjärna. Och de här förändringarna främjar en lång rad positiva effekter så som minskad stress, bättre sömn, lyckligare relationer, mindre ångest och skarpare koncentration.

Forskningen på mindfulness har fullkomligen exploderat på senare tid. När jag skriver det här har mer än tvåtusen vetenskapliga artiklar publicerats inom ämnet. Och med tanke på alla fördelar man upptäckt så är det inte förvånande att många hälsoexperter tror att mindfulness kommer vara nästa folkhälsorevolution.

MINDFULNESS OCH SJÄLVDISCIPLIN

Förutom att optimera din hälsa och ditt välmående kan mindfulness också göra stor skillnad för din självdisciplin.

Innan jag började träna mindfulness brukade jag ta mina tankar och känslor på stort allvar. När en tanke eller känsla dök upp så identifierade jag mig med den och anpassade mig efter den.

Om en tanke sa till mig att en text jag arbetade på var för dålig så raderade jag den och gjorde något annat. Och om jag kände mig rastlös eller uttråkad så försökte jag omedelbart hitta något mer stimulerande att göra.

Men nu vet jag att mina tankar och känslor inte är "sanningen". De är bara resultatet av mitt tänkande sinne. Och den insikten, i kombination med kontinuerlig mindfulnessträning, gör det möjligt för mig att välja en bättre respons.

Istället för att sugas in i mina tankar och känslor så iakttar jag dem genom mitt observerande sinne. Jag låter dramat i mitt tänkande sinne få spela ut. Jag lyssnar på självkritiken. Jag känner självtvivlet. Sedan gör jag jobbet ändå. Och ju mer jag gör det, desto mindre inflytande har mitt tänkande sinne över mig. De tankar och känslor som dyker upp får sällan styra mig. Jag lyckas allt som oftast agera ändå. På det sättet kan jag behålla min självdisciplin och få saker gjorda oavsett hur högt mitt tänkande sinne protesterar.

SÅ BÖRJAR DU MED MEDITATION

Förhoppningsvis har jag övertygat dig om vikten av mindfulnessträning. I så fall rekommenderar jag att du börjar genom att upprätta en regelbunden meditationsvana.

Det finns många sätt att meditera på och vi kommer inte att försöka hitta den perfekta meditationsformen här. Det är mycket viktigare att komma igång snabbt så att du själv får känna på fördelarna. Och för att göra det behöver din meditation vara så enkel som möjligt:

» **Börja smått.** Om du inte har mediterat särskilt mycket, eller om du haft svårt att hålla dig till din meditation, gör den löjligt enkel. Sätt ett mål på en minut om dagen. På så sätt etablerar du beteendet först. När meditationen sedan blir en vana kan du successivt utöka tiden.

» **Välj en trigger.** Skapa en om-så-plan för din meditationsvana.

Till exempel, "Om jag ätit frukost, så kommer jag att meditera i en minut."

» **Hitta en tyst plats.** Se till att du gör din meditation någonstans där du får vara ostörd i några minuter. Tidiga morgnar eller eller sena kvällar brukar vara lämpliga tider.

» **Sitt bekvämt.** Du kan sitta på golvet, på en kudde, i en stol eller i soffan. Det viktiga är att du sitter på ett behagligt sätt.

» **Meditera.** Slut ögonen eller titta på marken framför dig med en avslappnad blick. Sitt med ryggen rak men inte spänd. Följ dina in- och utandningar hela vägen från näsborrarna ner till magen. Om det underlättar kan du räkna: ett (inandning), två (utandning), tre (inandning), fyra (utandning) och så vidare. Börja om när du kommer till tio.

Det är allt! Om du har många påträngande tankar som stjäl uppmärksamheten från din andning så är det helt normalt. Kom ihåg—det här handlar inte om att försöka tömma ditt huvud på tankar, utan att ändra ditt förhållande till dem.

Allt du behöver göra när ditt sinne vandrat iväg är att varsamt och icke-dömande föra tillbaka din uppmärksamhet till andningen. Om du behöver göra det hundra gånger så gör du det. Varje gång du för tillbaka din uppmärksamhet till andningen så är det som en repetition i ditt mentala gym.

När du kommit igång med meditationen är nästa steg att överföra övningen till resten av ditt liv.

VARDAGSMINDFULNESS

Du kan öva mindfulness i allt du gör. Men när du precis börjat kan det vara en bra idé att välja ut några specifika vanor som du vill vara medvetet närvarande i varje dag. Du kan, till exempel, öva mindfulness när du:

» **Vaknar.** Lägg märke till din andning när din kropp vaknar upp. Innan du kliver ur sängen, notera ljuset och ljuden inuti och utanför sovrummet.

» **Borstar tänderna.** Försök att fullt ut koncentrera dig på borstningen. Notera känslan i dina tänder när tandborsten förflyttas från ena sidan munnen till den andra.

» **Äter frukost.** Avstå alla distraktioner så som telefon, TV och tidning. Lägg i stället din fulla uppmärksamhet på varje matbit du äter.

» **Diskar.** Lägg din fulla uppmärksamhet på diskandet. Känn det varma vattnet på dina händer och se hur skummet bildas.

» **Promenerar.** Gå långsamt medan du lägger märke till din andning och dina omgivningar. Var medveten om ljuden, ljuset och dofterna.

Som du kanske anar vid det här laget rekommenderar jag en gradvis förändring. Jag föreslår att du börjar med en enda mindfulnessvana och sedan lägger till flera med tiden.

———

KAPITEL 4: SNABBSUMMERING

» Enligt lärare inom zenbuddhismen har du två sinnen: det tänkande sinnet och det observerande sinnet.

» Du kan inte kontrollera ditt tänkande sinne. Du kan bara kontrollera ditt observerande sinne.

» De flesta av våra negativa psykologiska och emotionella upplevelser uppstår för att vi inte kan särskilja vårt tänkande sinne från vårt observerande sinne.

» Mindfulness, enligt Jon Kabat-Zinn, är "att vara uppmärksam på ett särskilt sätt: medvetet, i nuet och icke-dömande."

» Genom att tillämpa mindfulness kan du stanna i ditt observerande sinne i stället för att sugas in i ditt tänkande sinne. Och det gör det möjligt för dig att bibehålla din självdisciplin, ögonblick för ögonblick.

UPPGIFTER

SKAPA EN DAGLIG MEDITATIONSVANA

✓ Börja smått.

✓ Välj en trigger.

✓ Hitta en tyst plats.

✓ Sitt bekvämt.

✓ Meditera.

Välj en vana för vardagsmindfulness

✓ Gör en av dina dagliga vanor i medveten närvaro.

Öka gradvis din dagliga närvaro

✓ När din meditation blivit en vana, öka stegvis tiden du mediterar.

✓ När du konsekvent gör en av dina dagliga vanor i medveten närvaro, lägg successivt till fler och fler.

DEL 3

STRATEGIER FÖR SJÄLVDISCIPLIN

DYK UPP OCH GÖR JOBBET

Den amerikanske konstnären Chuck Close hävdar att han aldrig haft "målarkramp" i hela sitt liv. Trots att han 1988 drabbades av en allvarlig sjukdom som gjorde honom förlamad så är han fortfarande en av de mest disciplinerade och produktiva konstnärerna i världen. Close har sagt att:

Rådet jag brukar ge unga konstnärer, eller egentligen alla som kan tänka sig att lyssna på mig, är att inte vänta på inspiration. Inspiration är för amatörer. Resten av oss dyker bara upp och gör jobbet. Om du väntar på att molnen ska dela på sig och att en blixt ska slå ner i din hjärna så kommer du inte att göra särskilt mycket jobb. Alla de bästa idéerna kommer ur processen; de uppstår i själva arbetet.

GLÖM MOTIVATION

Genom åren har mängder av läsare frågat mig hur de ska bli mer motiverade. Och det är förståeligt. Oavsett vad du vill åstadkomma är det betydligt enklare om du har den där härliga känslan av motivation som eldar på dina ansträngningar.

Men det är också precis det som motivation är—en *känsla*. Och som du vet fungerar känslor på det sättet att de hela tiden kommer och går. Ingen är motiverad hela tiden. Så om du förlitar dig på motivation för att uppnå dina mål så lämnar du dem åt slumpen. Och det är ingen bra plan.

Så vad borde du göra istället?

DYK BARA UPP OCH GÖR JOBBET

Att "bara dyka upp och göra jobbet" är ett användbart motto att leva efter i alla delar av livet. Oavsett vad du vill uppnå kommer du inte nå dit genom att "bli mer motiverad", utan genom att dyka upp och göra jobbet dag efter dag.

Det här har jag lärt mig av egen erfarenhet. När jag förlitade mig på motivation och inspiration i mitt skrivande så publicerade jag artiklar väldigt sällan. Men sedan jag bestämde mig för att skriva ett visst antal timmar varje dag—oavsett om jag kände för det eller inte—så har jag publicerat hundratals artiklar och en hel serie böcker. När jag sätter mig för att skriva känner jag mig väldigt sällan inspirerad eller motiverad. Men det spelar ingen roll för jag har tränat upp min förmåga att göra skrivandet i alla fall.

Och oavsett vad du vill göra så kan du också träna dig själv till att få det gjort varje dag. Allt du behöver göra är att implementera ett system som gör det instinktivt och självklart för dig att bara dyka upp och göra jobbet.

SKAPA DITT SYSTEM FÖR SJÄLVDISCIPLIN

Nu när vi gått igenom hur du bemästrar fundamentet (sömn, kost, rörelse och mindfulness) är det dags att börja utveckla ditt system för självdisciplin.

Ditt system är det som kommer att säkerställa att du dyker upp och gör jobbet, dag för dag, oavsett om du känner för det eller inte.

I de kommande kapitlen kommer vi att gå igenom femton effektiva strategier för stark självdisciplin. Jag rekommenderar att du börjar med att implementera de du tror kommer ge dig störst och snabbast effekt.

Och kom ihåg; det här är inte ännu en rad "måsten" på din att göra-lista. Det är ett spännande spel du får spela med dig själv. Så, se till att ha kul! Utför små experiment och justera strategierna tills de fungerar för dig. När de är ordentligt på plats kan du komma tillbaka och implementera nya tills du är nöjd med ditt system. Du hittar samtliga strategier och uppgifter i din arbetsbok.

Inspiration är för amatörer så nu dyker vi bara upp och gör jobbet!

KAPITEL 1

UTVECKLA ETT DYNAMISKT MINDSET

Vissa djurarter gömmer sin mat och gräver upp den senare, vilket kräver att de memorerar sina gömställen.

När forskare började undersöka hjärnorna på den här typen av djur så upptäckte man något intressant. Hippocampus, en del av hjärnan som har en viktig roll för minnet och spatial navigering, var betydligt större hos de här arterna jämfört med djur som inte gömmer sin mat.

De här upptäckterna gav neuroforskaren Eleanor Maguire idén att studera taxichaufförer i London. För att få sina licenser hade de här chaufförerna tränat tre till fyra år, bland annat genom att köra runt i staden på mopeder. Under den här träningen hade de fått memorera en labyrint bestående av tjugofemtusen gator inom en tiokilometers radie från tågstationen Charing Cross. Dessutom hade de fått lägga tusentals turistattraktioner och andra viktiga platser på minnet.

Maguires hypotes var att taxichaufförerna, likt de mat-gömmande djuren, hade ovanligt stor hippocampus.

DEN FÖRÄNDERLIGA HJÄRNAN

För att ta reda på om hennes hypotes stämde analyserade Maguire och hennes kollegor en grupp av de här taxichaufförerna och jämförde dem med personer som inte kör taxi.

Deltagarna fick alla genomgå funktionell hjärnavbildning och chaufförernas hjärnor såg mycket riktigt annorlunda ut jämfört med de andra deltagarnas. Precis som de mat-gömmande djuren hade chaufförerna större hippocampus. Och volymen i den här hjärnregionen visade sig dessutom korrelera med tiden spenderad som taxichaufför. Ju mer erfarenhet en deltagare hade av att köra taxi, desto större hippocampus.

Den här sortens upptäckter är betydande, därför att fram till 60-talet så trodde forskarna att förändringar i hjärnan endast var möjliga under spädbarnstiden och barndomen. Konsensus var att hjärnans fysiska struktur var permanent från tidig vuxenålder.

Men modern forskning, som Eleanor Maguires, har visat att den uppfattningen var helt fel. Hjärnan är i själva verket "plastisk", vilket betyder att den hela tiden skapar nya nervbanor och byter ut gamla. Din hjärna förändras hela tiden så länge du lever.

STATISKT VS. DYNAMISKT MINDSET

Även fast modern forskning visat att hjärnan aldrig slutar utvecklas så är det fortfarande många som tror att vissa förmågor är "satta i sten". Och om du har sådana övertygelser så kommer du att prestera mycket sämre jämfört med personer som inte har det.

Psykologen Carol Dweck kallar det här konceptet för "mindset". Det är en enkel men ändå otroligt viktig idé som vi ska kika närmare på nu. Det finns två sorters mindset:

1. **Statiskt mindset.** Personen tror att grundläggande egenskaper (såsom intelligens och talang) är oföränderliga karaktärsdrag.
2. **Dynamiskt mindset.** Personen tror att grundläggande egenskaper kan utvecklas genom hängivenhet och hårt arbete.

Problemet med att ha ett statiskt mindset är att det ger dig ett behov av att hela tiden hävda dig. Om du tror att du bara har en viss mängd intelligens eller talang så kommer det kännas väldigt viktigt för dig att visa att du har mycket av det.

Den här viljan att verka smart gör att du undviker utmaningar, ger upp lätt, ignorerar användbar negativ feedback och känner dig hotad av andras framgångar. Eftersom du uppfattar dina grundläggande egenskaper som oföränderliga så kommer du att se ansträngningar som poänglösa. Och som ett resultat kommer du sannolikt att sluta utvecklas tidigt—långt innan du uppnått din fulla potential.

Ett dynamiskt mindset, å andra sidan, eliminerar behovet av att hela tiden behöva hävda dig. Om du tror att du kan åtgärda dina tillkortakommanden så finns det ju ingen anledning att försöka dölja dem. Så du tar dig gladeligen an utmaningar, kämpar på i motgångar, lär dig från kritik och hittar lärdomar i andras framgångar. Eftersom du uppfattar dina grundläggande egenskaper som utvecklingsbara så kommer dina ansträngningar att kännas meningsfulla. Och som ett resultat kommer du kontinuerligt ta nya steg för att förverkliga dig själv och dina mål.

ALLT SITTER I HUVUDET

Att utveckla ett dynamiskt mindset är den första strategin i den här boken av en anledning; det är en nödvändig förutsättning för alla de andra strategierna. Om du inte tror att du kan växa genom hängivenhet och hårt arbete så spelar det ingen roll hur många andra strategier du lär dig för du kommer ändå inte att använda dem.

Det är därför ett dynamiskt mindset är helt avgörande för din framgång och anledningen till att jag ber dig betänka följande fakta:

» Din hjärna består av cirka 100 miljarder hjärnceller som i sin tur har upp till 50,000 kopplingar till andra celler.

» Antalet möjliga kopplingar mellan dessa hjärnceller är större än antalet atomer i hela universum.

» Och, som vi sett hos taxichaufförerna från London, så anpassar sig hela tiden nervbanorna i din hjärna utefter dina erfarenheter.

Du har det mest avancerade maskineriet på jorden mitt emellan dina öron och det är redo att anpassa sig till vad du än vill använda det till. Det är inte din hjärna, intelligens eller talang som sätter dina begränsningar—det är *dina övertygelser om dem* som gör det. Och det ligger inom din kontroll att när som helst förändra ditt mindset.

SÅ UTVECKLAR DU ETT DYNAMISKT MINDSET

Här är Carol Dwecks fyra steg för att ändra ett statiskt mindset till ett dynamiskt mindset:

1. Var medveten om din "statiska mindset-röst"

När du tar dig an en utmaning så kan alla möjliga negativa tankar dyka upp i ditt huvud. Lägg märke till vad din inre "statiska mindset-röst" säger till dig. Försöker den säga att du inte klarar det här? Att du saknar den nödvändiga talangen? Eller kanske att du borde undvika utmaningen så att du inte gör bort dig? (Din mindfulnessträning kommer att vara till stor hjälp här.)

2. Inse att du har ett val

Hur du tolkar tankarna som dyker upp i ditt sinne är helt och hållet upp till dig. Du kan välja att tro på att din talanger och förmågor är satta i sten. Eller så kan du bestämma dig för att du kan utvecklas genom hängivenhet och hårt arbete.

3. Argumentera genom din "dynamiska mindset-röst"

I det här steget kommer du att använda en teknik som psykologer kallar för kognitiv omstrukturering. Ditt mål är att motbevisa ohjälpsamma tankar och byta ut dem mot mer hjälpsamma alternativ. Här är några exempel på hur din inre dialog skulle kunna låta, enligt Dweck:

Statiskt mindset: "Är du säker på att du klarar det här? Du kanske inte har talang för det."
Dynamiskt mindset: "Jag vet inte om jag klarar det just nu, men om jag anstränger mig så kan jag lära mig."

Statiskt mindset: "Tänk om du misslyckas? Då kommer du att vara misslyckad."
Dynamiskt mindset: "Bakslag är ett oundvikligt inslag på vägen mot framgång."

Statiskt mindset: "Om du inte försöker så kan du skydda dig själv och behålla din värdighet."
Dynamiskt mindset: "Om jag inte försöker så har jag automatiskt misslyckats. Var finns värdigheten i det?"

4. Agera

Genom att konsekvent ifrågasätta din statiska mindset-röst, sticka hål på dina begränsande övertygelser och välja mer positiva tankar så kommer du märka att du har kontroll. Du kan alltid välja vad du vill göra med dina tankar. Om de inte stöttar dig så kan du motbevisa dem och göra det du vill göra ändå.

———

KAPITEL 1: SNABBSUMMERING

» Hjärnan är "plastisk", vilket betyder att den skapar nya nervbanor och byter ut gamla genom hela ditt liv.

» Personer med ett statiskt mindset tror att grundläggande egenskaper (såsom intelligens och talang) är statiska förmågor. Det skapar en vilja att verka smart.

» Personer med ett dynamiskt mindset tror att grundläggande egenskaper kan förändras genom hängivenhet och hårt arbete. Det skapar en vilja att utvecklas.

» Din hjärna är det mest avancerade maskineriet på jorden.

» Det är inte din hjärna, intelligens eller talang som avgör dina begränsningar—det är *dina övertygelser om dem* som gör det.

» För att uppnå din fulla potential så behöver du utveckla ett dynamiskt mindset.

UPPGIFTER

UTVECKLA ETT DYNAMISKT MINDSET

✓ Bli medveten om din "statiska mindset-röst".

✓ Inse att du har ett val.

✓ Argumentera genom din "dynamiska mindset-röst".

✓ Agera.

KAPITEL 2

HITTA DIN UNIKA UPPGIFT

Det finns en gammal grekisk fabel som säger att "räven vet många saker, men igelkotten vet en stor sak". I den här berättelsen försöker räven varenda strategi den kan komma på för att fånga igelkotten. Den försöker smyga, attackera, springa och spela död.

Men trots alla dessa listiga strategier så slutar det varje gång med att räven får lunka iväg med nosen full av taggar. Igelkotten vinner varje gång därför att den vet hur den ska göra en enda sak perfekt: att försvara sig.

1953 applicerade filosofen Isaiah Berlin den här fabeln på sin omvärld i en essä kallad *The Hedgehog and the Fox*. Han delade in människor i två grupper: rävar och igelkottar.

Berlin hävdade att rävar är personer som har många intressen och strävar efter flera mål samtidigt. Deras tänkande är därför splittrat och ofokuserat, vilket det begränsar vad de kan uppnå i det långa loppet.

Igelkottar, däremot, är lugna och stabila i sitt tillvägagångssätt. De blir ofta förbisedda av andra personer för att de är så tysta och anspråkslösa. Men till skillnad från rävarna så kan igelkottarna förenkla sina ansträngningar och fokusera på en enda sak. Och det hjälper dem att bli framgångsrika mot alla odds.

2001 vidareutvecklade ledarskapsexperten Jim Collins den här idén i sin populära bok *Good to Great*. Enligt Collins är organisationer mycket mer sannolika att bli framgångsrika om de fokuserar på en enda sak som de gör extremt bra.

IGELKOTTSKONCEPTET

Collins hävdar att de bästa företagen i varje industri befinner sig där svaren på följande frågor överlappar varandra:

1. Vad brinner vi för?
2. Vad kan vi bli bäst i världen på?
3. Vad driver vår ekonomiska motor?

När en organisation hittat sitt igelkottskoncept kan den ägna all sin energi och alla sina resurser på den enda saken som den gör bäst. Enligt Collins är det den sortens fokus som gör att en organisation kan överleva och blomstra.

Och faktum är att igelkottskonceptet är precis lika användbart för dig som person som det är för en organisation. Det är en väldigt användbar modell för att hitta din egen unika uppgift i livet.

Du kommer snart märka att jag tonat ner Collins frågor en smula. Det beror på att formuleringar som "brinna för", bäst i världen" och "ekonomisk motor" lätt kan bli överväldigande. Så för att undvika att köra fast kommer vi att börja med de här tre frågeställningarna i stället:

1. Vad tycker du om att göra?
2. Vad är du bra på?
3. Vad kan du får betalt för?

Du kan hitta din unika uppgift—ditt igelkottskoncept—där dessa tre områden överlappar varandra:

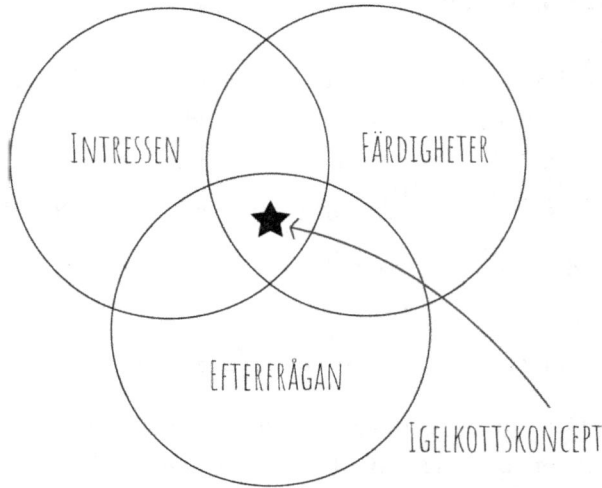

Nu ska vi gräva lite djupare i vart och ett av de här olika områdena.

1. Vad du tycker om att göra

Om du kommer på många saker som du brinner starkt för så är det jättebra. Men det är inget krav. Ett litet intresse kan vara tillräckligt, för det kan växa ut till en stor passion om du bara lägger tid på det. För att ta reda på vad som hör hemma i den här cirkeln kan du ställa dig själv följande frågor:

» Vad tyckte jag om att göra när jag var liten?

» Vilka aktiviteter suger in mig så mycket att jag glömmer bort att äta och sova?

» Om pengar inte spelade någon roll, vad skulle jag lägga min tid på?

2. Vad du är bra på

Nästa cirkel handlar om dina unika styrkor och färdigheter. Dessa kan vara förvånansvärt svåra att sätta fingret på. Det beror på att de oftast är så naturliga för oss att vi inte tänker på dem som styrkor eller färdigheter. De här övningarna kan därför vara till stor hjälp:

» Gör ett personlighetstest. Till exempel 16Personalities eller The Big Five.

» Gör ett karaktärstest. Till exempel VIA Survey.

» Maila några personer som känner dig väl. Fråga vilka styrkor och färdigheter som de anser vara dina största och varför.

» Fundera på vad andra brukar rådfråga dig om.

3. Vad du kan få betalt för

Slutligen måste du kombinera vad du tycker om att göra och vad du är bra på med vad världen behöver. Det kan du göra genom att ställa dig själv frågor som:

» Hur kan mina unika intressen och styrkor användas på arbets-marknaden?

» Vilka arbeten passar bäst ihop med mina intressen och styrkor?

» Vilka problem kan jag lösa som andra skulle betala mig för?

SE TILL ATT ALLA OMRÅDENA ÖVERLAPPAR

Det är problematiskt om bara två av de tre områdena överlappar:

» Om du kombinerar intressen och färdigheter men det inte finns någon efterfrågan så är det du hittat troligtvis bara en hobby.

» Om du kombinerar intressen och efterfrågan men inte har några lämpliga färdigheter så kommer det förmodligen vara svårt för dig att bli riktigt bra.

» Om du kombinerar färdigheter med efterfrågan men inte har något intresse så kommer du troligen ha svårt att göra ditt allra bästa.

Ett tydligt definierat igelkottskoncept kan klargöra din unika uppgift i livet. Och när du vet vilken den uppgiften är så kan du lägga all din tid och energi på den enda saken.

På det här sättet kan igelkottskonceptet skapa ett spel där du är segerfavorit. Och, som vi kommer gå in djupare på senare i boken, så leder många små segrar över tid till en oerhört stark självdisciplin.

KAPITEL 2: SNABBSUMMERING

» "Räven vet många saker, men igelkotten vet en stor sak."

» Du ger dig själv en mycket bättre chans att bli framgångsrik om du, likt igelkotten, fokuserar din tid och energi på en enda sak.

» Igelkottskonceptet är punkten där dina intressen och färdigheter överlappar med det världen behöver.

» Genom att hitta din unika uppgift skapar du ett spel där du är segerfavorit.

———

UPPGIFTER

Skriv ner vad du tycker om att göra

✓ Vad tyckte jag om att göra när jag var liten?

✓ Vilka aktiviteter suger in mig så mycket att jag glömmer bort att äta och sova?

✓ Om pengar inte spelade någon roll, vad skulle jag lägga min tid på?

Klargör vad du är bra på

✓ Gör ett personlighetstest. Till exempel 16Personalities eller The Big Five.

✓ Gör ett karaktärstest. Till exempel VIA Survey.

✓ Maila några personer som känner dig väl. Fråga vilka styrkor och färdigheter som de anser vara dina största och varför.

✓ Fundera på vad andra brukar rådfråga dig om.

UNDERSÖK VAD DU KAN FÅ BETALT FÖR

✓ Hur kan mina unika intressen och styrkor användas på arbetsmarknaden?

✓ Vilka arbeten passar bäst ihop med mina intressen och styrkor?

✓ Vilka problem kan jag lösa som andra skulle betala mig för?

HITTA DITT IGELKOTTSKONCEPT

✓ Se vad du hittar i skärningspunkten mellan dina intressen, färdigheter och vad världen behöver. Här finns din unika uppgift.

KAPITEL 3

TA REDA PÅ DITT VARFÖR

Hur använde du din tid det här dygnet? Senaste veckan? Månaden? Året? Fundera på det en liten stund och besvara sedan den här frågan: Hur mycket av det du gör spelar egentligen någon roll?

Lägger du din tid på sådant som faktiskt betyder något, både för dig själv och för andra? Bryr du dig om det du gör? Gör det världen till en bättre plats? Och utvecklas du av det som människa?

I sin bok *Start with Why* förklarar ledarskapsexperten Simon Sinek att de flesta människor vet *vad* de gör, några vet dessutom *hur* de gör det, men väldigt få vet *varför* de gör det de gör.

Och det här är ett stort problem, för att det är vårt *varför* som bidrar med motivation till allt vi gör. Ditt *varför* är det underliggande syftet, övertygelsen, eller ändamålet som driver alla dina handlingar.

"MÄNNISKOR KÖPER INTE DET DU GÖR. DE KÖPER VARFÖR DU GÖR DET."

Enligt Sinek är det som utmärker framgångsrika företag som Apple att de börjar med sitt "varför". Om de skulle presentera sin verksamhet på samma sätt företag brukar göra så skulle deras marknadsföring se ut ungefär så här:

"Vi gör fantastiska datorer. De är vackert designade, enkla att använda och användarvänliga. Vill du köpa en?"

Inte särskilt spännande. Och det är heller inte så som Apple marknadsför sig. De förmedlar i stället ett budskap som ser ut ungefär så här:

"Vi tror på att utmana status quo i allt vi gör. Vi tror på att tänka annorlunda. Sättet vi utmanar status quo är genom att göra våra produkter vackert designade, enkla att använda och användarvänliga. Och vi råkar göra fantastiska datorer. Vill du köpa en?"

Mycket mer tilltalande, eller hur? Och det beror på att deras budskap börjar med deras varför—syftet bakom allt de gör.

VAD GÖR DU?

Hur ofta frågar du andra människor vad de gör? Och hur ofta berättar du för andra vad du gör? Skulle det inte vara mycket intressantare om vi istället frågade varandra *varför* vi gör det vi gör?

För innerst inne vet du ju att det egentligen är ytterst få som bryr sig om *vad* du gör. Och väldigt få är genuint intresserade av *hur* du gör det. Men vad de faktiskt bryr sig om är *varför* du gör det.

När du har en tydlig bild av ditt varför kan du erbjuda andra en betydelsefull vision att sluta upp bakom. Ditt "vad" och ditt "hur" blir sedan tillvägagångssätten du använder för att förverkliga ditt varför.

DU KÖPER VARFÖR DU GÖR DET

Nu undrar du säkert vad allt det här har med självdisciplin att göra. Låt mig förklara. Att börja med ditt varför är inte bara ett bra sätt att få andra intresserade av det du gör. Det är också viktigt för att få *dig själv* ombord på det du gör.

På samma sätt som du kan övertyga andra med ett tilltalande varför, så kan du göra samma sak med dig själv. Du köper inte in dig *vad* du gör; du köper in dig på *varför* du gör det.

LÄGG TEGELSTENAR ELLER BYGG GUDS HUS

I sin bok *Grit* berättar psykologen Angela Duckworth den här historien:

Tre murare får frågan; "Vad gör du?" Den första säger, "Jag lägger tegelstenar." Den andra säger, "Jag bygger en kyrka." Och den tredje säger, "Jag bygger Guds hus."

Den första muraren har ett jobb. Den andra har en karriär. Den tredje har ett kall.

Skillnaderna mellan ett jobb, en karriär och ett kall ligger alltså i hur du uppfattar arbetet. Du kan göra exakt samma uppgifter som personen bredvid dig och ändå ha en helt annan upplevelse.

Det är därför det är så viktigt att ha ett tilltalande varför. Det hjälper dig att koppla dina dagliga handlingar till ett större syfte.

Och det ökar sannolikheten att du dyker upp och gör jobbet varje dag.

DEN GYLLENE CIRKELN

Simon Sinek har en modell för att hitta ditt varför som han kallar för den gyllene cirkeln:

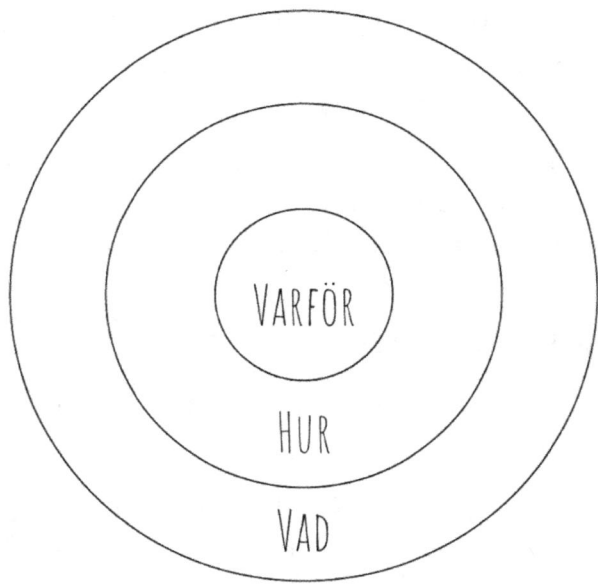

» Ditt *vad* är din arbetstitel, produkterna du säljer eller tjänsterna du erbjuder.
» Ditt *hur* är de handlingar du gör som särskiljer dig från andra.
» Ditt *varför* är syftet, ändamålet eller övertygelsen som driver dig.

Vi kan ta min gyllene cirkel som ett exempel:

» Mitt *vad*: Jag är beteendevetare, mental tränare och författare.

» Mitt *hur*: Jag skriver om stora idéer och forskningsbaserade strategier för att hjälpa andra må och prestera bättre.

» Mitt *varför*: Jag vill förändra världen, en person i taget.

Att ha ett meningsfullt syfte som är fokuserat på andra än mig själv gör stor skillnad i mitt dagliga arbete.

Att sitta vid datorn och skriva är inte särskilt spännande. Men att vara på ett uppdrag att förändra världen är desto mer inspirerande.

HITTA DITT VARFÖR

Oavsett vilka din omständigheter är just nu så kan du hitta ett tilltalande varför.

Om du är student och har svårt att göra dina skoluppgifter, tänk på hur du kan förbättra världen när du tagit studenten.

Om du har ett jobb du inte tycker om, reflektera över hur arbetet du gör underlättar livet för andra.

Om du går igenom ett krävande träningspass, tänk på hur din förbättrade hälsa och ökade energi kommer att gynna alla människor omkring dig.

Koppla allt du gör till ett högre syfte, så kommer du vara mycket mer sannolik att göra även de mest krävande av uppgifter.

Kom ihåg—du kan lägga tegelstenar, bygga en kyrka, eller bygga Guds hus. Valet är ditt.

KAPITEL 3: SNABBSUMMERING

» De flesta människor vet *vad* de gör, några vet dessutom *hur* de gör det, men väldigt få vet *varför* de gör det de gör.

» "Människor köper inte *vad* du gör. De köper *varför* du gör det."

» *Du* köper inte vad du gör. *Du* köper varför du gör det.

» Den gyllene cirkeln består av ditt vad, ditt hur och ditt varför.

———

UPPGIFTER

Skriv ner din gyllene cirkel

✓ Ditt *vad*—din arbetstitel, produkterna du säljer eller tjänsterna du erbjuder.

✓ Ditt *hur*—de handlingar du gör som särskiljer dig från andra.

✓ Ditt *varför*—syftet, ändamålet eller övertygelsen som driver dig.

KAPITEL 4

DEFINIERA DIN
KOMPETENSCIRKEL

Warren Buffett är en av de mest framgångsrika investerarna någonsin och rankas kontinuerligt bland de rikaste människorna i världen. I sitt aktieägarbrev från 1996 skrev han:

Vad en investerare behöver är förmågan att korrekt utvärdera utvalda företag. Observera ordet "utvalda": Du behöver inte vara expert på varje företag, eller ens många. Du behöver bara kunna utvärdera företag inom din kompetenscirkel. Storleken på den cirkeln är inte särskilt viktig; att förstå dess begränsningar, däremot, är helt avgörande.

KOMPETENSCIRKELN

Vi bygger alla upp användbar kunskap inom olika områden under våra liv. Vissa områden förstår de flesta, medan andra områden kräver mer specialitet att utvärdera.

De flesta av oss har, till exempel, en grundläggande förståelse för hur en restaurang drivs. Du köper eller hyr en lokal, betalar för inredningen och anställer sedan personal för att laga mat, ta emot kunder, servera och diska. Sedan handlar det om att sätta rimliga priser och få tillräckligt med besökare för att göra en vinst på maten och drycken du serverar. Maten, atmosfären och priserna kommer att variera för varje restaurang, men de följer samma ekonomiska formel.

Den kunskapen, tillsammans med lite grundläggande förståelse för ekonomi, är tillräckligt för att utvärdera och investera i restauranger. Det är inte alltför komplicerat.

De flesta av oss har däremot inte samma förståelse för den ekonomiska formeln som driver ett bioteknikföretag. Och enligt Buffett är det helt okej. Du behöver inte förstå varje företag du stöter på för att bli en framgångsrik investerare. Det är betydligt viktigare att förstå vad du själv förstår—din kompetenscirkel—och sedan hålla dig till dessa områden.

ANVÄND DINA TALANGER

Warren Buffetts högra hand, Charlie Munger, applicerar kompetenscirkeln på livet i allmänhet:

> Du måste lista ut vilka dina talanger är. Om du spelar spel där andra har talang och du inte har det så kommer du att förlora. Och det är så säkert som en förutsägelse kan bli.

Du måste ta reda på var du har ett övertag. Och du måste spela inom din kompetenscirkel.

En tydligt definierad kompetenscirkel säkerställer, likt igelkottskonceptet, att du spelar ett spel där du är segerfavorit. Ju bättre du är på att hålla dig till din kompetenscirkel, desto mer kommer du att lyckas. Och det, i sin tur, skapar en uppåtgående spiral där du hela tiden förbättras och ökar dina vinstchanser ännu mer.

ETT PERSONLIGT EXEMPEL

För att ge dig ett konkret exempel så ska jag dela med mig av min kompetenscirkel. Den innehåller tre huvudområden:

1. Skrivande. Det här är den viktigaste hörnstensvanan som driver mitt företag framåt. Så det första jag gör varje arbetsdag är att skriva i minst två timmar. På så sätt kan jag hela tiden publicera nytt material och förbättras som skribent.

2. Lärande. För att vara en bra skribent behöver jag många bra idéer att skriva om. Så jag lägger tid varje dag på att utbilda mig inom ämnen som mina läsare vill lära sig om—beteendeförändring, motivation, mental styrka och så vidare.

3. Marknadsföring. För att bli en framgångsrik skribent så behöver jag nå ut till och hjälpa så många människor som möjligt. Det kräver att jag är bra på att marknadsföra mina texter. Så jag spenderar också mycket tid på att lära mig onlinemarknadsföring, copywriting, konsumentpsykologi och så vidare.

Eftersom jag känner till min kompetenscirkel kan jag fokusera mina ansträngningar på ett effektivt sätt. Varje dag som jag lär mig något, skriver något och marknadsför det jag skrivit är en bra dag. Om jag gjorde det så höll jag mig inom, och stärkte, min kompetenscirkel. Och varje dag som jag gör det ser jag som en seger.

DE INDIVIDUELLA FUNDAMENTEN

I del 2 av den här boken gick vi igenom de fundamentala vanorna för självdisciplin; sömn, kost, rörelse och mindfulness. Dessa utgör det *universella* fundament som alla behöver för att sköta sin hälsa och prestera på topp.

Det här kapitlet handlar om ditt *individuella* fundament. Din kompetenscirkel innehåller de delar du personligen behöver ta hand om för att få ut så mycket som möjligt av din tid och dina ansträngningar.

Tänk tillbaka på din uppgift (kapitel 2) och ditt varför (kapitel 3) och fråga dig själv: Vilka är de tre viktigaste områdena jag behöver fokusera på? Var bör jag lägga min tid och mina ansträngningar för att vara i linje med mitt varför och lyckas med min unika uppgift? Vilka specifika vanor behöver jag skapa för att hålla mig inom, och stärka, min kompetenscirkel varje dag?

När du klargjort delarna i ditt individuella fundament kan du fortsätta framåt med större tydlighet, riktning och övertygelse i dina dagliga handlingar.

———

KAPITEL 4: SNABBSUMMERING

» Din kompetenscirkel innehåller användbar kunskap inom vissa områden som du skaffat dig genom livet.

» Storleken på din cirkel är inte särskilt viktig, men att veta dess gränser är helt avgörande.

» En tydligt definierad kompetenscirkel säkerställer att du spelar ett spel där du är segerfavorit.

» Din kompetenscirkel innehåller delarna i ditt individuella fundament—de områden du bör röra dig inom för att få ut så mycket som möjligt av din tid och dina ansträngningar.

———

UPPGIFTER

SKRIV NER DIN KOMPETENSCIRKEL

✓ Vilka är de tre viktigaste områdena jag behöver fokusera på?

✓ Var bör jag lägga min tid och mina ansträngningar för att vara i linje med mitt varför och lyckas med min unika uppgift?

✓ Vilka vanor behöver jag skapa för att stärka min kompetenscirkel varje dag?

SKAPA UTRYMME FÖR DINA FUNDAMENT

✓ Schemalägg tid i din kalender för var och en av vanorna i ditt individuella fundament.

KAPITEL 5

MÄT DINA FRAMSTEG

Känner du till komikern Jerry Seinfelds produktivitetsstrategi, kallad "Bryt inte kedjan"? Om inte, så ska jag kort berätta historien bakom den.

En ung komiker hade precis börjat uppträda när han vid ett tillfälle råkade befinna sig på samma standup-klubb som Jerry Seinfeld.

I en intervju med Lifehacker berättade den unga komikern vad som hände när han mötte Seinfeld bakom scenen och frågade honom om han hade några råd till en aspirerande komiker.

SEINFELDS PRODUKTIVITETSPROGRAM

Den unga komikern beskrev Seinfelds råd så här:

Han sa att sättet att bli en bättre komiker på är att skapa

bättre skämt, och att sättet att skapa bättre skämt är att skriva varje dag.

Han sa åt mig att skaffa en stor väggkalender som har hela året på en sida och hänga den på väggen. Nästa steg var att skaffa en stor röd märkpenna.

Han sa att varje dag som jag gjort mitt skrivande så får jag sätta ett stort rött X på den dagen. "Efter några dagar kommer du att ha en kedja. Om du bara fortsätter så kommer kedjan att växa sig längre varje dag. Du kommer gilla att se den här kedjan, särskilt när du har några veckor under bältet. Ditt enda jobb då är att inte bryta kedjan."

EN OVÄNTAD VÄNDNING

Om du redan hört talats om Seinfelds "Bryt inte kedjan"-strategi så är det inte förvånande. Det har skrivits om den i mängder av artiklar, tidningar och böcker.

Men här är den oväntade vändningen jag inte kände till då: Jerry Seinfeld varken uppfann, eller ens använde, den här strategin själv. I en "Ask Me Anything"-tråd på Reddit 2014 skrev han:

"Jag tycker det här är hur roligt som helst, att jag på något sätt får äran för att kryssa i en kalender med Seinfelds produktivitetsprogram. Det är den dummaste icke-idé som inte var min, men som jag på något sätt får äran för."

DET DU MÄTER FÖRBÄTTRAS

Jag tycker också att det är komiskt att Seinfelds produktivitetsstrategi i själva verket inte hade någonting med Jerry Seinfeld att göra. Men jag håller inte med om att det är en "dum icke-idé".

Det du mäter förbättras. Genom att mäta blir du mer uppmärksam och får insikter som du inte fått annars. Du lägger märke till återkommande problem och kommer på nya lösningar.

Och, oavsett vem som uppfann den, så erbjuder "bryt inte kedjan"-strategin ett enkelt och effektivt sätt att börja mäta det du gör.

Så för att säkerställa att du konsekvent förstärker dina fundament rekommenderar jag varmt att du börjar skapa din egen kedja. Vi ska titta närmare på hur du kan göra det nu.

1. Skaffa en kalender och en märkpenna

Det finns många sorters kalendrar du kan använda för att mäta dina framsteg. Jag använder en månadskalender som visar datumen längst till vänster och har tomma fält till höger. På så sätt kan jag checka av alla mina dagliga vanor på ett och samma ställe. Den ser ut ungefär så här:

VANOR →						
1						
2						
3						
4						
5						
6						
7						
8						
9						
10						
11						
12						
13						
14						
15						
16						
17						
18						
19						
20						
21						
22						
23						
24						
25						
26						
27						
28						
29						
30						
31						

Vad du använder spelar ingen större roll. Det viktiga är att du hittar en kalender och en märkpenna som du gillar. Du vill se till att det där stora röda krysset blir en belöning som du ser fram emot varje dag.

2. Sätt dina dagliga mål

Du behöver därefter bestämma den minsta ansträngningen du ska göra varje dag för att förtjäna krysset i din kalender. Jag rekommenderar att du börjar med små dagliga mål som gör att du får uppleva enkla segrar. Sätt ett väldigt enkelt mål för var och en av dina fundamentala hörnstensvanor. Till exempel:

» **Sömn.** Gör en andningsövning på en minut för att slappna av.
» **Kost.** Ät en frukt under eftermiddagen.
» **Rörelse.** Ta trapporna på jobbet.
» **Mindfulness.** Meditera i två minuter.

Skapa sedan ett mål för varje del i din kompetenscirkel. Till exempel:

» **Skrivande.** Skriv tvåhundra ord.
» **Lärande.** Läs två sidor i en bok.
» **Marknadsföring.** Skicka ett hjälpsamt meddelande till en läsare.

Varje dag som du genomför ett av de här dagliga målen så gör du ett stort kryss i din kalender. Härligt jobbat!

3. Bestäm dina regler

Du kommer sannolikt inte att kunna bibehålla alla dina vanor varje dag under ett helt år. Ibland kommer du att vilja ta en paus och ibland kommer du att bli sjuk.

Vid dessa tillfällen rekommenderar jag att du skriver ner alternativa bokstäver i din kalender. Om du, till exempel, åker iväg på en resa så kan du skriva ett R på de dagarna. Om du blir sjuk kan du skriva ett S.

Sätt väldigt tydliga regler för speciella omständigheter där du tillåter dig själv att hoppa över dina vanor. På så sätt kan du bibehålla dina kedjor när du har legitima anledningar att missa några dagar.

4. Sätt igång

När din kalender, dina mål och dina regler är på plats rekommenderar jag att du börjar använda dem direkt.

Dina kedjor kommer inte bara att ge dig ett starkt incitament för att bibehålla dina vanor—de kommer dessutom att utgöra värdefull data som du kan använda för att bli allt mer effektiv.

Fråga dig själv kontinuerligt varför dina kedjor utvecklas på det sätt som de gör. Om en kedja lyckas särskilt bra, vad beror det på? Om en annan bryts ofta, hur kommer det sig?

På så sätt kommer du hela tiden att bli bättre och allt mer effektiv i allt du gör.

———

KAPITEL 5: SNABBSUMMERING

» Det du mäter förbättras.

» Ett effektivt sätt att mäta och förbättra är genom Jerry Seinfelds "Bryt inte kedjan"-strategi...

» ... som visat sig inte ha någonting att göra med Jerry Seinfeld.

———

UPPGIFTER

Börja mäta dina fundamentala hörnstensvanor

✓ Skaffa en kalender och en märkpenna.

✓ Sätt dina dagliga mål.

✓ Bestäm dina regler.

✓ Sätt igång!

KAPITEL 6

SKAPA EN VINNAREFFEKT

1995 gjorde sig boxaren Mike Tyson redo för comeback efter att ha avtjänat tre år i fängelse.

För att förbereda honom inför WBC-titelmatchen mot den dåvarande mästaren Frank Bruno, så arrangerade Tysons promotor Don King två andra matcher.

I det läget kan det tyckas rimligt att förbereda Tyson genom att ordna matcher mot två skickliga boxare. Men King gjorde faktiskt raka motsatsen.

Han arrangerade i stället matcher mot vad som i boxningskretsar kallas för tomatburkar—boxare som är klart underlägsna och enkla att slå.

FRÅN TOMATBURKAR TILL MÄSTARMATCH

Tyson gjorde comeback mot okände Peter McNeeley och vann på knockout efter 89 sekunder.

Några månader senare mötte han sin andra motståndare, Buster Mathis Jr, och den matchen tog längre tid. Det dröjde till sista minuten av tredje ronden innan Tyson lyckades vinna.

Vid den tidpunkten började många sportjournalister ställa kritiska frågor. Varför valde King att förbereda Tyson på det här sättet? Varför ordnade han matcher mot klart underlägsna motståndare? Hade han riskerat att förlöjliga Tyson, förstöra hans självförtroende, och satt hans omstartade karriär på spel?

Men våren 1996 tystades kritikerna. Mike Tyson knockade Frank Bruno i tredje ronden av WBC-finalen och återtog titeln som världsmästare.

Och vare sig han visste det eller inte så hade Don King förberett Tyson perfekt enligt en kraftfull psykologisk princip.

VINNAREFFEKTEN

Enligt neuropsykologen Ian Robertson så finns det ingenting som formar oss mer än framgångar och motgångar. I sin bok *The Winner Effect* förklarar han att ett djur som vunnit några kamper mot svagare motståndare är mycket mer sannolikt att vinna framtida konfrontationer mot starkare motståndare. Och det här gäller alla arter, inklusive människor.

Anledningen är att framgång förändrar hjärnans kemi. Varje gång du vinner får du ökad mängd testosteron och dopamin i kroppen. Och de kemikalierna gör dig mer självsäker, aggressiv, fokuserad och smart. Ditt sinne och din kropp omformas på ett sätt som ger dig ett biologiskt övertag i framtiden. Och ju mer du vinner, desto mer sannolik är du att fortsätta vinna.

FRAMSTEGSPRINCIPEN

Som tur är behöver du inte använda knytnävarna för att dra nytta av vinnareffekten. Det räcker med att ge dig själv enkla segrar i dina vardagliga rutiner.

Teresa Amabile från Harvard Business School studerar hur det vardagliga livet inom organisationer påverkar människorna inom dem. När hon och hennes kollegor designade och analyserade nästan 12,000 dagboksinlägg från 238 anställda i sju företag så upptäckte de vad Amabile kom att kalla *Framstegsprincipen*:

Av alla saker som kan förbättra känslor, motivation och attityder under arbetsdagen så är det absolut viktigaste att göra framsteg i meningsfullt arbete. Och ju oftare människor upplever den här känslan av framsteg, ju mer sannolika är de att vara kreativt produktiva i det långa loppet. Oavsett om de försöker lösa ett stort vetenskapligt mysterium eller helt enkelt producera en högkvalitativ produkt eller tjänst, kan vardagliga framsteg—om så bara en liten seger—göra hela skillnaden i hur de mår och presterar.

RADA UPP DINA TOMATBURKAR

Oavsett vad du vill uppnå så kommer du att öka dina chanser betänkligt om du tillåter dig själv att uppleva framgång. Och det gör du genom att rada upp och slå ner dina egna "tomatburkar"— uppgifter som är så enkla att du är så gott som garanterad att klara dem.

I förra kapitlet gick vi igenom hur du sätter dina dagliga mål. Anledningen att jag rekommenderade så små mål är att det är så du gör dem till tomatburkar. Låt oss titta på exemplen en gång till:

Universella hörnstensvanor
» **Sömn.** Gör en andningsövning på en minut för att slappna av.
» **Kost.** Ät en frukt under eftermiddagen.
» **Rörelse.** Ta trapporna.
» **Mindfulness.** Meditera i två minuter.

Individuella hörnstensvanor
» **Skrivande.** Skriv tvåhundra ord.
» **Lärande.** Läs två sidor i en bok.
» **Marknadsföring.** Skicka ett hjälpsamt meddelande till en läsare.

Genom att göra dina mål så här enkla säkerställer du att du kontinuerligt får uppleva framgång. Den framgången kommer att skapa en stark vinnareffekt. Och vinnareffekten kommer att kraftigt öka dina chanser att klara av större utmaningar i framtiden.

———

KAPITEL 6: SNABBSUMMERING

» Framgångar och motgångar formar oss mer än någonting annat.

» Ett djur som vunnit några kamper mot svagare motståndare är mycket mer sannolikt att vinna framtida konfrontationer mot starkare motståndare. Det kallas för vinnareffekten.

» Av alla saker som kan förbättra känslor, motivation och attityder under arbetsdagen så är det absolut viktigaste att göra framsteg i meningsfullt arbete. Det kallas för framstegsprincipen.

———

UPPGIFTER

GRANSKA DINA DAGLIGA MÅL

✓ Fråga dig själv om de verkligen är tomatburkar. Med andra ord, är de så enkla att du är så gott som garanterad att klara dem? Om så är fallet—jättebra! Du kan bläddra vidare till nästa kapitel. Men om inte, se först till att göra dina mål så enkla att du är säker på att du kan få dem gjorda varje dag. Och oroa dig inte om de verkar så små att du inte kommer att göra tillräckligt stora dagliga framsteg. Vi kommer att ta itu med det i kapitel 9.

KAPITEL 7

BELÖNA DIG SJÄLV

Det är ytterst sällan att någon blir glad när de får böter av polisen. Såvida de inte befinner sig i det ovanligt kreativa polisdistriktet Richmond i Kanada.

I det området delar poliser regelbundet ut "positiva böter" till ungdomar som uppvisar goda beteenden som att plocka upp skräp eller korsa gatan på ett säkert sätt.

De positiva böterna kan växlas in mot gratis hamburgare, biobiljetter, inträde till hockeymatcher och andra belöningar som donerats från lokala företag.

EFFEKTEN AV POSITIVA BÖTER

Det finns en väletablerad praxis när det kommer till att hantera brottslighet: upprätta strängare lagar, öka straffen och införa nolltolerans-initiativ. Vi fokuserar alltså generellt på att bestraffa dåliga beteenden.

Men etablerandet av positiva böter har visat att det finns många fördelar med att också belöna bra beteenden.

Innan Richmond började med sina positiva böter låg antalet återfallsförbrytare i området på 65 procent och man hade en ökande ungdomsbrottslighet.

Efter att man införde de positiva böterna sjönk återfallsförbrytandet till bara 5 procent och ungdomsbrottsligheten halverades.

BELÖNING ÄR AVGÖRANDE FÖR FRAMGÅNG

Rättsväsendet speglar den mänskliga psykologin. Precis som brottsbekämpningen väljer bestraffning före belöning så brukar vi som individer också göra det.

När vi själva gör ett misstag så bestraffar vi oss omedelbart för det. Vi är direkt framme med "piskan", kritiserar oss själva och mår dåligt över det vi gjort.

Men när vi gör någonting bra så är vi inte alls lika snabba att belöna oss själva. Vi intalar oss i stället att det vi åstadkommit inte var någon stor grej och därför inte värd att firas.

Och det här är ett stort problem. Inte bara för att det gör att vi får uppleva mer negativa känslor än positiva—men också för att det förstör våra chanser att bygga självförtroende, motivation och momentum.

Enkla segrar är, som vi såg i förra kapitlet, grundläggande inslag i vinnareffekten och framstegsprincipen. För att kunna dra nytta av de här kraftfulla koncepten måste du tillåta dig själv att kontinuerligt uppleva en känsla av framgång.

B. F. SKINNERS TECKENEKONOMI

Det kan vara väldigt effektivt att skapa ditt eget system för positiva böter. På det sättet kan du ta varje chans du får att belöna dina egna önskvärda beteenden,

Psykologen Neil Fiore har utvecklat en effektiv strategi för att göra just det. I sin bok *The Now Habit* berättar han om när han var student och hela tiden sköt upp sina studier.

Han ville hitta en lösning på det här problemet och fick reda på att B.F. Skinner, grundaren av modern behaviorism, använde en klocka kopplad till sin stol för att "stämpla in" varje gång han satte sig för att arbeta. Varje gång han ställde sig upp från stolen så stannade sedan klockan som om han "stämplade ut".

Skinner antecknade sina tider och varje gång han utfört en viss del av sitt arbete så belönade han sig själv med guldstjärna.

Den här strategin med att dela ut guldstjärnor eller andra symboler för att belöna och förstärka goda beteenden kallas inom psykologin för en teckenekonomi. Och precis som de positiva böterna kan de här symbolerna sedan bytas mot riktiga belöningar.

SÅ SKAPAR DU DIN EGEN TECKENEKONOMI

1. Välj ett tecken att belöna dig själv med

Det här kan vara guldstjärnor, mynt, pokermarker eller något annat som du har liggandes hemma. Varje gång du utfört ditt dagliga mål så belönar du dig själv med en av de här symbolerna. Börja sedan samla dem på ett ställe där du ser dem tydligt varje dag. På så sätt kommer du med tiden att skapa en inspirerande visuell representation av dina framsteg.

2. Skapa en lista med motiverande belöningar

Det här är de saker som du får byta dina symboler mot. Nyckeln här är att belöna dig själv med saker som för dig närmare, och inte längre ifrån, dina långsiktiga mål. Du bör med andra ord inte fira en veckas löpträning med att äta en chokladkaka, utan hellre genom att ge dig själv ny löparutrustning.

Skapa en lista med belöningar som gör att du successivt bygger upp den identitet du vill ha. Om vi fortsätter med löpningsexemplet skulle din lista kunna se ut ungefär så här:

» Vattenflaska = 5 tecken
» Löparstrumpor = 10 tecken
» Stegräknare = 50 tecken
» Löparskor = 100 tecken
» Biljetter till marathon = 500 tecken

Det här är så klart inte en perfekt teckenekonomi men jag tror du förstår poängen. Det viktiga är att du skapar en lista med belöningar som ger dig en ökande känsla av framsteg och kompetens.

———

KAPITEL 7: SNABBSUMMERING

» Vi är oftast väldigt bra på att bestraffa oss själva och väldigt dåliga på att belöna oss själva.

» Det är ett stort problem eftersom belöningar är nödvändiga för att bygga självförtroende, motivation och momentum.

» Du behöver enkla segrar för att dra nytta av vinnareffekten och framstegsprincipen.

» En teckenekonomi är ett effektivt sätt att belöna och förstärka goda beteenden.

———

UPPGIFTER

SKAPA EN TECKENEKONOMI

✓ Välj vilka symboler du kommer att belöna dig själv med.

✓ Skapa en lista med inspirerande belöningar.

✓ Börja belöna dig själv för dina goda beteenden.

KAPITEL 8

ANVÄND COMMITMENT DEVICES

Människor har länge använt kreativa strategier för att få sig själva att göra det de vill eller behöver få gjort.

Historien om Odysseus innehåller ett klassiskt exempel. Han beordrade sina mannar att plugga igen sina öron med bivax och binda fast honom själv i fartygets mast så att han kunde lyssna till sirenernas vackra sång utan att lockas till att hoppa överbord.

Ett annat klassiskt exempel är den spanske erövraren Hernán Cortés djärva drag att att förstöra sina egna skepp bakom sig och därmed eliminera möjligheten till reträtt när han och hans mannar gått i land och skulle kriga mot mayanerna.

De här historierna är träffande metaforer för våra vardagliga liv. Precis som Odysseus så har du moderna sirener som försöker förföra dig: sociala medier, spel, appar, filmer och serier lockar hela tiden med enklare och mer omedelbart belönande alternativ till det du egentligen borde göra.

Och precis som Cortés så har du dina egna erövringar att utföra. Det kan vara saker som att skriva en uppsats i skolan, färdigställa en rapport på jobbet, hålla dig till ett träningsprogram, och så vidare. Dessa är alla personliga utmaningar som kräver att du håller kursen och inte retirerar.

AKRASIA

Om du har svårt att hålla dig till det du borde göra så är du inte ensam. Det är ett problem som människor haft genom alla tider. Faktum är att filosofer så långt tillbaka som Platons tid till och med hade ett eget ord för det. De kallade det för "akrasia", och det innefattar uppskjutandebeteenden, brist på självkontroll, oförmåga att fullfölja sina mål och alla typer av beroendebeteenden.

Frågan är varför vi har det här problemet. Hur kommer det sig att vi har så enormt svårt att göra det vi egentligen borde göra? Det tekniska svaret på den frågan är "tidsinkonsekvens" och illustrerades tydligt i en studie om livsmedelsinköp. När folk köper matvaror online för leverans imorgon så köper de mycket mer glass och mycket mindre grönsaker än om de beställer för leverans nästa vecka.

Våra preferenser är alltså inkonsekventa över tid. Vi vill göra det vi vet är bra för oss. Bara inte just nu. Och det här blir ett problem eftersom vi alltid befinner oss i nuet.

COMMITMENT DEVICES

Så hur övervinner du akrasia? Jo, du använder de strategier som Odysseus och Hernán Cortés utformade. Om du vet att sirener kommer att förföra dig senare så binder du dig själv vid masten. Om du har en erövring att utföra så förstör du skeppen bakom dig.

Idag kallar beteendeekonomer den här typen av strategier för "commitment devices", och de finns i mängder av olika varianter. Här är ett litet urval:

» Klipp sönder dina kreditkort för undvika onödiga utgifter.
» Lämna din laptop på kontoret så att du inte kan fortsätta arbeta hemifrån.
» Köp skräpmat eller godis i små förpackningar för att undvika överkonsumtion.
» Töm ditt hem på alkohol för att förhindra drickande.
» Köp små tallrikar för att äta mindre portioner.
» Skaffa en träningspartner för att hålla varandra ansvariga.
» För över en del av din lön till ett sparkonto automatiskt.
» Avsluta dina streamingtjänster för att skydda din tid.

Det finns också ett flertal tjänster du kan använda för att förbinda dig själv till dina mål. Här är två av de mest populära:

» stickK låter dig skapa och skriva under ett "commitment contract". Du ställer in ett start- och slutdatum, väljer en domare som håller dig ansvarig och lägger till supportrar som stöttar dig. Om du vill kan du också sätta lite pengar på spel och låta stickK skicka dem till en organisation som du ogillar om du misslyckas.

» Beeminder kombinerar commitment contracts med självmätning. Din utmaning här är att hålla alla dina datapunkter på en "Yellow Brick Road". Om du misslyckas med att göra det så förlorar du pengarna du satt på spel.

Och om du vill övervinna akrasia online så finns det massvis av appar och tillägg som du kan ta hjälp av. Här är några exempel:

» News Feed Eradicator for Facebook är ett tillägg i Google

Chrome som ersätter ditt nyhetsflöde i Facebook med ett inspirerande citat.

» Freedom är en app du kan använda för att blockera hemsidor och appar på din dator, mobil eller surfplatta.

» SelfControl är en app för Mac som låter dig blockera hemsidor, e-post och andra distraktioner under schemalagda tider.

» StayFocusd är ett tillägg i Google Chrome som du kan använda för att begränsa tiden du lägger på tidsslukande hemsidor.

» Forest erbjuder ett smart incitament för att låta bli mobilen när borde jobba. Den här appen låter dig plantera ett digitalt träd när du vill fokusera. Trädet växer sedan under de kommande trettio minuterna. Om du lämnar appen så dör trädet, men om du fortsätter jobba så kan du plantera en hel skog.

ANVÄND DIN FANTASI!

Som du ser så finns det mängder av olika commitment devices du kan använda för att övervinna akrasia. Och listorna ovan är inte på långa vägar kompletta. Det finns massvis av utrymme att vara kreativ här.

Författaren Maneesh Sethi uppfann det roligaste commitment device jag hört talas om. Han ville sluta slösa tid online och för att göra det anställde han en "örfilare" som fick ge honom en smäll på kinden om han loggade in på Facebook. Med detta, förvisso något brutala, commitment device på plats sköt hans produktivitet i höjden—från 38 procent till 98 procent, enligt hans egna beräkningar.

Om du tycker att det låter lite väl extremt att anställa någon för att ge dig örfilar så håller jag absolut med dig. Men jag uppmanar dig att vara lika kreativ som Maneesh Sethi i utformandet av dina commitment devices. Du är den största experten i världen på din egen psykologi så du vet bäst själv vad som sannolikt kommer att fungera för dig.

Kanske behöver du blockera sociala medier under dina arbetstimmar. Kanske behöver du sätta lite pengar på spel. Kanske behöver du ställa ut TVn i garaget. Det spelar mindre roll vilka commitment devices du använder, så länge de ger dig de resultat du vill ha.

————

KAPITEL 8: SNABBSUMMERING

» "Akrasia" är det antika ordet för brist på viljestyrka. Det innefattar uppskjutandebeteenden, brist på självkontroll, oförmåga att fullfölja sina mål och alla typer beroendebeteenden.

» Tidsinkonsekvens betyder att våra preferenser är inkonsekventa över tid. Vi vill göra det som är bra för oss—bara inte just nu.

» För att övervinna akrasia och tidsinkonsekvens kan du använda commitment devices för att "förbinda dig själv" till en viss väg framåt och "bränna dina skepp" bakom dig.

————

UPPGIFTER

Inför dina commitment devices

✓ Gå igenom din lista med dagliga mål. Fundera över vilka strategier, tjänster och appar du skulle kunna använda för att undvika akrasia när du strävar mot dem. Inför sedan dessa commitment devices.

KAPITEL 9

GÖR SMÅ FRAMSTEG

Inom idrottsvetenskapen finns en grundläggande princip som kallas superkompensation: "Den tid efter en träningsperiod under vilken den tränade funktionen/parametern presterar bättre än innan träningsperioden."

Det låter kanske lite krångligt, men är i själva verket ganska enkelt. Superkompensation förklarar att eftersom människokroppen är en adaptiv organism, så kommer den inte bara att återhämta sig från träning—den kommer att anpassa sig till den nya belastningen den utsatts för och bli lite starkare än den var tidigare.

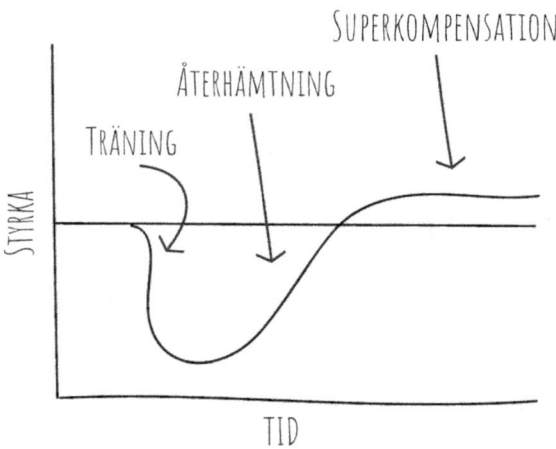

Superkompensation kan dock bara ske om du ökar ansträngningen till en nivå som är högre än vad din kropp redan är van vid. Och det här är en viktig poäng som många förbiser. Enligt idrottsforskare är ett av de vanligaste misstagen hos motionärer att de gör exakt samma träningspass om och om igen.

Att lyfta samma vikter och springa samma slinga i samma hastighet kommer inte att öka din styrka eller uthållighet. När du tränar på det sättet så finns det ingen ny belastning för din kropp att anpassa sig till. Och då kommer heller inte någon superkompensation att uppstå.

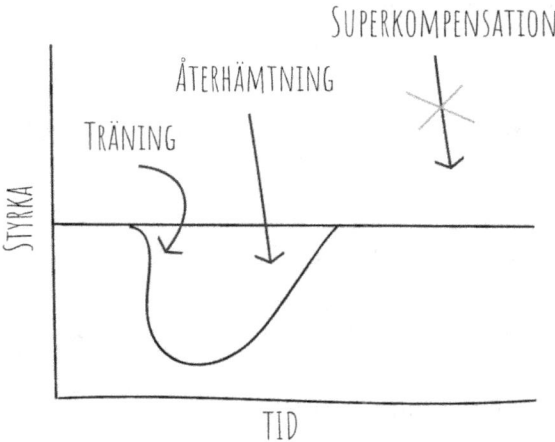

För att superkompensation ska kunna ske behöver du kontinuerligt pressa dig själv till nya nivåer. Ditt kommande träningspass behöver vara lite mer utmanande än det förra. Du behöver lyfta lite tyngre vikter och springa lite längre eller snabbare än vad du gjort tidigare.

VANORNAS SUPERKOMPENSATION

Superkompensation är ett användbart koncept även utanför idrotten. Det är relevant för alla vanor i ditt liv. Låt oss återigen ta en titt på exemplen från tidigare kapitel:

Universella hörnstensvanor
» **Sömn.** Gör en andningsövning på en minut för att slappna av.
» **Kost.** Ät en frukt under eftermiddagen.
» **Rörelse.** Ta trapporna.
» **Mindfulness.** Meditera i två minuter.

Individuella hörnstensvanor

» **Skrivande.** Skriv tvåhundra ord.

» **Lärande.** Läs två sidor i en bok.

» **Marknadsföring.** Skicka ett hjälpsamt meddelande till en läsare.

Dagliga mål som dessa är, som sagt, jättebra tomatburkar. De hjälper dig komma igång, bygga momentum och snabbt etablera nya vanor. Men när de väl är på plats är det viktigt att du inte nöjer dig där. Du bör i stället kontinuerligt höja ribban något så att du hela tiden kan bli lite bättre i allt du gör.

SMÅ FRAMSTEG I LIVET

Det finns två sätt att skapa superkompensation i din vardagliga rutin. Du kan antingen lägga till fler små vanor eller utöka de du redan har. Här är några idéer:

Universella hörnstensvanor

» **Sömn.** Gör en liten förbättring i din kvällsrutin varje månad.

» **Kost.** Ta bort ett ohälsosamt alternativ från din kost varje vecka.

» **Rörelse.** Lägg till en ny mikro-, mini- eller makrorörelse varje vecka.

» **Mindfulness.** Utöka din meditation med en minut varje månad.

Individuella hörnstensvanor

» **Skrivande.** Öka ditt dagliga skrivmål med hundra ord varje månad.

» **Lärande.** Lägg till en sida till ditt dagliga läsmål varje månad.

» **Marknadsföring.** Skicka ett hjälpsamt meddelande till ytterligare en läsare varje månad.

Det här är, återigen, bara några exempel. Men förhoppningsvis kan de ge dig några idéer för hur du skulle kunna skapa små framsteg i ditt liv. För det är på det sättet superkompensation kan uppstå, och det är så du över tid skapar anmärkningsvärda resultat.

DIN VECKOÖVERSIKT

För att se till att du kontinuerligt gör små framsteg i dina vanor behöver du följa upp dem regelbundet. Och ett utmärkt sätt att göra det på är att schemalägga en veckoöversikt—en stående tid i din kalender som du använder för att se över den gångna veckan och förbereda den som kommer. Så här kan översikten se ut:

1. Analysera dina framgångar. Se över kedjorna i din kalender så att du vet vilka vanor som flöt på och vilka som inte gjorde det.

2. Belöna dig själv. Ge dig själv de tecken du tjänat ihop under veckan.

3. Växla in dina tecken. Om du tjänat ihop tillräckligt med tecken så kan du växla in dem mot riktiga belöningar.

4. Justera ditt tillvägagångssätt. Om du misslyckades med någon av dina vanor, analysera vad som gick fel och bestäm vilka strategier du ska använda för att få ett bättre resultat nästa vecka.

5. Gör små framsteg. Om någon av dina vanor hade en obruten kedja sju dagar i rad, fråga dig själv hur du ska höja ribban något för den vanan nästa vecka.

KAPITEL 9: SNABBSUMMERING

» Superkompensation förklarar att eftersom människokroppen är en adaptiv organism, så kommer den inte bara att återhämta sig från träning—den kommer att anpassa sig till den nya belastningen den utsatts för och bli lite starkare än den var tidigare.

» För att superkompensation ska uppstå behöver du kontinuerligt pressa dig själv till nivåer du inte är van vid.

» Du kan dra nytta av superkompensation i ditt liv genom att kontinuerligt lägga till nya små vanor eller utöka de du redan har.

UPPGIFTER

SCHEMALÄGG EN VECKOÖVERSIKT

✓ Planera in en stående veckoöversikt i din kalender där du går igenom följande steg:

1. Analysera dina framgångar.
2. Belöna dig själv.
3. Växla in dina tecken.
4. Justera ditt tillvägagångssätt.
5. Gör små framsteg.

KAPITEL 10

FÖRVALTA DIN ENERGI

När författaren Michael Lewis gjorde en intervju med USAs dåvarande president Barack Obama så spenderade de båda stora delar av ett halvår tillsammans.

Lewis fick vara med i Vita Huset, sitta längst fram i Air Force One, delta i presidentens privata basketmatcher, och passa på att prata med honom när tid fanns.

Vid ett tillfälle gav Lewis president Obama det här scenariot: "Föreställ dig att du kommer att sluta vara president om 30 minuter. Jag kommer att ta din plats. Förbered mig. Lär mig att vara president."

Obama svarade: "Du kommer att märka att jag bara har grå eller blå kostymer. Jag försöker dra ner på mina beslut. Jag vill inte ta beslut om vad jag äter eller hur jag klär mig, för jag har för många andra beslut att fatta. Du behöver fokusera den begränsade energi du har för beslutsfattande. Du behöver skapa rutiner för dig själv. Du kan inte gå igenom dina dagar distraherad av oväsentligheter."

BESLUTSUTMATTNING

Oavsett om Obama visste det eller inte så har den här idén stöd inom forskningen. Psykologer kallar det för beslutsutmattning: "Den försämrade kvalitet i beslut av en individ som uppstår efter en lång session av beslutsfattande."

Den här tendensen illustrerades tydligt i en studie där en grupp forskare undersökte vilka faktorer som påverkar att domare godkänner brottslingar för villkorlig frigivning. Forskarna granskade 1 112 domar över en tiomånadersperiod och fann något smått chockerande.

Domarnas beslut baserades inte bara på uppenbara faktorer, så som vilken typ av brott som begåtts eller vilka lagar som brutits. Det fanns också många andra faktorer som påverkade domarna— däribland ett flertal som egentligen inte borde få spela någon roll i rättssalen. Den mest anmärkningsvärda av dessa faktorer var tiden på dagen.

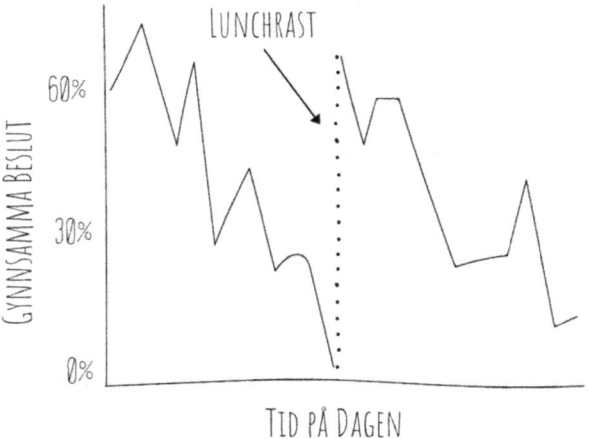

I början på dagen gav domarna brottslingarna ett gynnsamt beslut ungefär 65 procent av gångerna. Därefter, allt eftersom förmiddagen gick, blev domarna allt tröttare av alla beslut. Och i takt med att beslutsutmattningen ökade så gick sannolikheten att få ett gynnsamt beslut stadigt ner mot noll strax innan lunchtid.

Efter lunch kom domarna tillbaka med ny energi och sannolikheten att få ett gynnsamt beslut hoppade omedelbart tillbaka upp till cirka 65 procent. Sedan utspelade sig samma scenario under eftermiddagen. Domarna blev återigen allt tröttare och i slutet på dagen sjönk chanserna att få ett gynnsamt beslut återigen ner till noll. Den här trenden fanns i samtliga 1 112 domar, oavsett vilket brottet var.

Rättvist? Nej. Men det är samtidigt förståeligt. Ju tröttare domarna blev, desto mer kompenserade dem för sitt försvagade omdöme genom att hellre fälla än fria.

FÖRVALTA DIN ENERGI

Så, vad har då allt det här med dig att göra? Jo, beslutsutmattning påverkar också dig i ditt vardagliga liv. Och för att minska de negativa effekterna av beslutsutmattning finns det två saker du kan göra.

1. Ta färre oviktiga beslut

Om det första du gör när du vaknar varje morgon är att fråga dig själv hur du ska klä dig, vad du ska äta till frukost, hur du ska ta dig till jobbet, och så vidare, så kommer du att förbruka massvis av mental energi innan du ens påbörjat din dag. Det kan du undvika genom att ta Obamas råd och skapa rutiner för dig själv.

Våra dagar är ofta oförutsägbara och svåra att ruta in. Men du har troligtvis lite mer kontroll över dina morgnar och kvällar. Dessa tider är därför utmärkta tillfällen att lägga grunden för produktiva dagar:

» **Använd en kvällsrutin för att förbereda dig för nästa dag.** Du kan till exempel städa upp hemma, förbereda din lunchlåda och skriva ner dina viktigaste uppgifter för nästa dag.

» **Använd en morgonrutin för att förbereda dig för dagen framför dig.** Utför en sekvens med vanor som förbereder din kropp och ditt sinne för dagen. Du kan till exempel köra ett snabbt träningspass, meditera och se över dina viktigaste uppgifter.

2. Gör rätt uppgifter vid rätt tillfälle

Jag gör alltid mitt skrivande direkt efter min morgonrutin. Det är då min energi är som högst och min hjärna är som skarpast. Att skriva är det mest krävande arbetet jag gör, så jag ser till att göra det när min prestationsförmåga är på topp.

Först efter att mitt skrivande är klart för dagen så startar jag min telefon, öppnar min e-post och tar mig an andra arbetsuppgifter. De här sakerna är också viktiga, men de är inte alls lika krävande som skrivandet. Så jag tar tag i dem under eftermiddagarna när min energi vanligtvis är lite lägre. Därefter, strax innan middagstid, så brukar jag gå till gymmet, för det är oftast då jag får mina bästa träningsresultat.

Mitt schema var så klart inte alltid så här noga utformat. Det krävdes många försök och misstag för att ta reda på hur jag utnyttjar min dagliga energi på bästa sätt. Men när jag väl hittade rätt så gjorde det enorm skillnad. Så jag rekommenderar varmt att du experimenterar med ditt dagliga schema.

Fråga dig själv när din energi brukar vara som högst och lägst. Arrangera sedan, i den utsträckning du kan, dina dagliga aktiviteter så att de matchar dina energinivåer så bra som möjligt.

––––––

KAPITEL 10: SNABBSUMMERING

» Beslutsutmattning är: "Den försämrade kvalitet i beslut av en individ som uppstår efter en lång session av beslutsfattande."

» För att undvika beslutsutmattning så behöver du förvalta din energi.

» Du kan förvalta din energi genom att ta färre oviktiga beslut och genom att göra rätt uppgifter vid rätt tillfälle.

––––––

UPPGIFTER

FÖRVALTA DIN DAGLIGA ENERGI

✓ Skapa en kvällsrutin för att förbereda dig för morgondagen.

✓ Använd en morgonrutin för att förbereda dig för dagen framför dig.

✓ Strukturera ditt schema så att dina uppgifter matchar dina dagliga energinivåer.

KAPITEL 11

SKYDDA DIN TID

I sin essä *Om livets korthet* skriver filosofen Seneca att vi människor lider av en dåraktig glömska om vår egen dödlighet och att naturen inte kommer att ge oss några förvarningar om vi slösar bort våra liv. I stället kommer livet tyst att glida oss ur händerna:

Det är inte så att vi har en kort tid att leva, utan att vi slösar bort mycket av det. Livet är tillräckligt långt, och en tillräckligt generös mängd har givits oss för de största bedrifter, om det investeras väl. Men när det slösas bort på tanklös lyx och spenderas på onödiga aktiviteter så tvingas vi till sist av dödens slutgiltiga begränsning inse att det har passerat innan vi förstod att det passerade. Så—vi har inte givits ett kort liv utan vi gör det kort, och vi har inte ont om det men är slösaktiga med det. (...) Livet är långt om du vet hur du ska använda det.

SKYDDA DIN TID

Din tid är din mest värdefulla resurs. Tid är, till skillnad från pengar, inte förnybart. Du kan alltid få mer pengar, men du kan aldrig få mer tid.

Ändå är vi oftast mycket mer försiktiga med våra pengar än vi är med vår tid. Om någon försöker ta våra pengar så håller vi oftast hårt i dem. Men om någon försöker ta vår tid så ger vi ofta bort den utan större eftertanke.

Om du vill vara en disciplinerad person så har du inte råd att ge bort din mest värdefulla resurs. Du behöver inse hur värdefull den faktiskt är och skydda den därefter.

Det är det enda sättet att göra meningsfulla framsteg i de saker som är viktiga för dig. Och det är det enda sättet att inte låta ditt liv tyst glida dig ur händerna.

BLI EN ESSENTIALIST

I sin bok *Essentialism* skriver Greg McKeown:

Att vara essentialist innebär att leva avsiktligt, att inte bara låta saker hända. I stället för att göra reaktiva val så skiljer essentialisten medvetet ut de få saker som är viktiga från de många som är triviala, eliminerar det oväsentliga, och plockar sedan bort hinder så att de viktiga sakerna har en tydlig och smidig passage.

När du bestämt vad som är viktigt för dig—din unika uppgift, ditt varför och dina fundamentala vanor—så måste du kapa bort de distraktioner som kommer i vägen för dem. I stället för att försöka få *mer* saker gjorda, försök att få *rätt* saker gjorda. Här är några effektiva sätt att göra det på.

1. Begränsa ditt TV-tittande

Människor lägger i genomsnitt nio år av sina liv på att titta på TV. Tänk dig hur mycket potential som skulle kunna frigöras om den tiden i stället ägnades åt att utveckla färdigheter och förverkliga drömmar. Undvik tanklöst zappande. Bestäm i stället exakt hur mycket tid du är villig att lägga på TV-tittande varje dag. Välj noga och medvetet ut de program du faktiskt vill se och stäng sedan av TV:n när de är slut.

2. Dra ner på ditt internetanvändande

Begränsa den tid du spenderar på webbsurfande. Sätt gränser för tidsslukande hemsidor och blockera sociala medier när du inte vill använda dem. Det finns flera användbara appar du kan ta hjälp att skydda din tid online. Bläddra tillbaka till kapitel 8 så hittar du flera förslag.

3. Omorganisera din telefon

Vi kollar våra telefoner i genomsnitt 150 gånger per dag. Varje gång du plockar upp din telefon och ser alla aviseringar som signalerar vad du missat, så riskerar du att sugas in i oväsentligheter. Så ta bort alla onödiga aviseringar från din telefon och radera eller flytta tidsslukande appar från din startskärm.

4. Schemalägg din e-posttid

Bestäm exakt vilken tid du kommer att kolla din e-post varje dag. Detta bör helst vara sent på dagen så att du inte riskerar att dras in i långa konversationer innan du avslutat ditt viktigaste arbete. Ta bort e-postaviseringar från alla dina enheter och avprenumerera kontinuerligt från nyhetsbrev du inte behöver.

5. Förenkla dina åtaganden

Ifrågasätt allt du tagit på dig fram till nu. Är dessa åtaganden verkligen så viktiga som du trott? Eller stjäl de tid från det som egentligen är viktigt? Experimentera med att temporärt kapa bort eller delegera åtaganden och se vad som händer. Vi är sällan så oersättliga som vi tror.

6. Säg nej

Varje gång du säger ja till något oviktigt så säger du nej till något viktigt. Så var väldigt försiktig med vad du tackar ja till. Som entreprenören Derek Sivers uttrycker det: "It's either HELL YEAH! or no". Träna på att avböja artigt och snabbt återgå till det som är viktigt. Och be inte om ursäkt, utan var i stället stolt över din förmåga att skydda din tid.

———

KAPITEL 11: SNABBSUMMERING

» "Vi har inte givits ett kort liv utan vi gör det kort, och vi har inte ont om det men är slösaktiga med det. Livet är långt om du vet hur du ska använda det."

» Din tid är din mest värdefulla resurs. Du kan alltid få mer pengar, men du kan aldrig få mer tid.

» Om du vill vara en disciplinerad person så behöver du inse hur värdefull din tid faktiskt är och skydda den därefter.

» Bli en essentialist; i stället för att försöka få *mer* saker gjorda, försök att få *rätt* saker gjorda.

––––––

UPPGIFTER

SPARA DIN TID TILL DET SOM ÄR VIKTIGT

✓ Begränsa bort ditt TV-tittande.

✓ Dra ner på ditt internetanvändande.

✓ Omorganisera din telefon.

✓ Schemalägg din e-posttid.

✓ Förenkla dina åtaganden.

✓ Säg nej.

KAPITEL 12

DESIGNA DIN OMGIVNING

Vi utgår ofta ifrån att vi gör det vi gör på grund av *vem* vi är. Men faktum är att vi ofta gör det vi gör på grund av *var* vi är.

En fascinerande studie av forskarna Eric Johnson och Daniel Goldstein illustrerar den här poängen på ett bra sätt. De undersökte svaren som folk gav på följande fråga:

"VILL DU BLI ORGANDONATOR?"

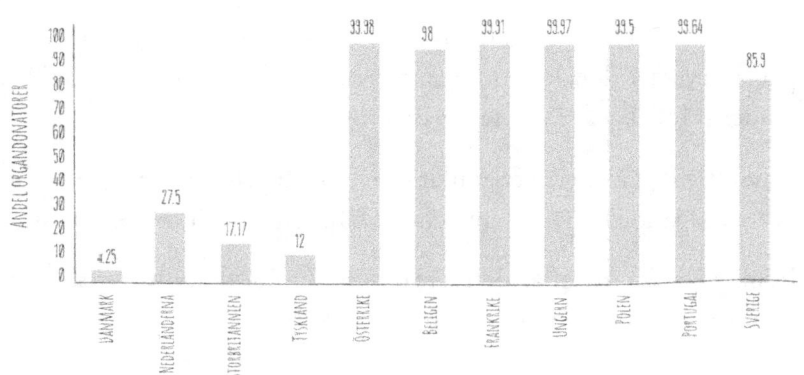

Den här grafen visar procentandelen människor i en rad europeiska länder som är villiga att donera sina organ efter sin död.

Som du kan se är det en stor skillnad mellan länderna till vänster och länderna till höger. Vad kan det bero på?

Vid första anblick kanske du tänker att någon övergripande faktor som kultur eller religion ligger bakom de här skillnaderna, men om du tittar närmare så kommer du se att det inte stämmer.

Danmark och Sverige, Nederländerna och Belgien, Österrike och Tyskland—det här är alla länder med liknande kultur och religion. Och ändå är andelen organdonatorer i de här länderna väldigt olika. Så vad är egentligen förklaringen till de här skillnaderna?

DEFAULTEFFEKTEN

Det hela är faktiskt ganska enkelt. Skillnaderna mellan länderna beror på utformningen av organdonationsformulären som används i varje region.

I de länder där formuläret har en "opt-in"-design (till exempel, "Kryssa i den här rutan om du *vill* donera dina organ") så tenderar folk att inte kryssa i rutan.

Och i de länder där formuläret har en "opt-out"-design (till exempel, "Kryssa i den här rutan om *inte vill* donera dina organ") så tenderar folk *också* att inte kryssa i rutan.

Oavsett vilket av dessa formulär som folk får fylla i så väljer alltså en överväldigande majoritet av dem att hålla sig till det de redan har.

Inom psykologin kallas den här tendensen för defaulteffekten, och den påverkar oss hela tiden i vårt vardagliga liv.

VILKA ÄR DINA "DEFAULT"-ALTERNATIV?

Vi lägger sällan märke till dem, men "default"-alternativen som omger oss varje dag har en stor inverkan på vårt beteende:

» Om vi har snacks på köksbänken så kommer vi troligen att äta dem.
» Om vi har en fjärrkontroll på vardagsrumsbordet så kommer vi antagligen att starta TVn.
» Om vi sover med telefonen på nattduksbordet så kommer vi troligen att plocka upp den det första vi gör på morgonen.

På många sätt formar vi först vår omgivning och sedan formar vår omgivning oss.

Så, med det i åtanke, hur ser dina "default"-alternativ ut?

Stöttar din omgivning dina fundamentala vanor? Hjälper den dig att stärka din kompetenscirkel? Är den i linje med ditt varför och den person du vill vara?

VANORNAS AKTIVERINGSENERGI

Defaulteffekten arbetar hela tiden för dig eller emot dig. Så det är en bra idé att designa din omgivning på ett sådant sätt att den stöttar de beteenden du vill ha och avskräcker de beteenden du inte vill ha.

I sin bok *Finding Flow* förklarar psykologiprofessorn Mihaly Csikszentmihalyi att alla aktiviteter kräver olika mycket "aktiveringsenergi". Ju svårare ett beteende är att göra, desto mer aktiveringsenergi kräver det, och desto mindre sannolik kommer du vara att utföra det. För att konsekvent kunna utföra de beteenden du vill så behöver du därför:

» minska aktiveringsenergin för dina önskade beteenden (med andra ord, göra dem så enkla som möjligt att utföra); och
» öka aktiveringsenergin för dina oönskade beteenden (med andra ord, göra dem så svåra som möjligt att utföra).

Här är några exempel:

» Om du vill sova bättre, förbjud alla typer av skärmar i ditt sovrum och lägg en bra bok på ditt nattduksbord.
» Om du vill äta mindre, ställ dina stora tallrikar i förrådet och ersätt dem med salladstallrikar.
» Om du vill lära dig mer, ersätt spel och sociala medier med utbildningsappar i din telefon.

FORMA DIN OMGIVNING, FÖRÄNDRA DINA BETEENDEN

Beteendeexperten BJ Fogg har sagt att: "Det finns bara ett sätt att radikalt förändra ditt beteende och det är att radikalt förändra din omgivning."

Om du gör dina önskade beteenden väldigt enkla att utföra, och dina oönskade beteenden väldigt svåra att utföra, så kommer du inte att behöva någon viljestyrka. Du kommer att göra dina önskade beteenden per automatik.

Med det sagt så kommer det här naturligtvis inte att gå helt av sig själv. Om du är som jag så kommer du att falla tillbaka i oönskade beteenden då och då. Min e-postapp, till exempel, har en mystisk förmåga att hitta tillbaka in i min telefon.

Men om du är medveten om dina "defaults", och justerar dem varje gång du har ett bakslag, så kommer du att bli allt bättre på att forma din omgivning så att den framkallar de beteenden du vill ha.

———

KAPITEL 12: SNABBSUMMERING

» Vi utgår ofta ifrån att vi gör det vi gör på grund av *vem* vi är. Men faktum är att vi ofta gör det vi gör på grund av *var* vi är.

» När vi ställs inför flera valmöjligheter så väljer vi oftast "default"-alternativet.

» Du kan förändra dina vanor genom att förändra deras aktive-ringsenergi: gör önskade beteenden enkla att utföra och oönskade beteenden svåra att utföra.

———

UPPGIFTER

DESIGNA DIN OMGIVNING SÅ ATT DEN FRAMKALLAR DE BETEENDEN DU VILL HA

✓ Minska aktiveringsenergin för dina önskade beteenden. Gör dina fundamentala vanor så enkla som möjligt att utföra.

✓ Öka aktiveringsenergin för dina oönskade beteenden. Gör konkurrerande beteenden så svåra som möjligt att utföra.

KAPITEL 13

OMGE DIG MED RÄTT PERSONER

Föreställ dig att du sitter i ett litet rum vid ett bord med sju andra personer. Ni ska alla delta i ett psykologiskt experiment om visuell bedömningsförmåga.

Experimentledaren lägger två kort framför dig. Kortet till vänster visar en vertikal linje. Kortet till höger har tre linjer av varierande längd.

Hela gruppen ombeds nu, en efter en, att välja ut den linje på kortet till höger som matchar längden på linjen på kortet till vänster. Den här uppgiften upprepas sedan flera gånger med olika kort.

Och till en början flyter uppgiften på smidigt. Du kan snabbt avgöra vilken linje som är rätt och det kan alla de andra deltagarna också.

Men så, helt plötsligt, väljer hela gruppen enhälligt en linje som helt uppenbart är fel innan det blir din tur.

Experimentledaren vänder sig till dig och ber dig om ditt svar. Vilken linje skulle du välja?

ETT TEST I KONFORMITET

Så som ofta är fallet med psykologiska experiment, så har experimentledaren spelat dig ett litet spratt.

Du är i själva verket den enda deltagaren i experimentet. Alla de andra personerna vid bordet är skådespelare som instruerats att enhälligt ge fel svar på några av korten.

Och det är inte din visuella bedömningsförmåga som testas, utan din konformitet till resten av gruppen.

Den här finurliga studien är en av de mest kända inom psykologin och genomfördes första gången av psykologen Solomon Asch. Och resultaten han fick var häpnadsväckande.

Nästan 75 procent av studiedeltagarna svarade fel minst en gång. I kontrollgruppen, där deltagarna fick gissa längden på linjerna sittandes ensamma, var antalet felaktiga svar mindre än en procent.

HUR VI ANPASSAR OSS TILL ANDRA

Människor är sociala varelser. Vårt behov av tillhörighet är mycket starkt. Så starkt, uppenbarligen, att vi ger fel svar bara vi får känna oss som en del av gruppen. Och den här tendensen att anpassa oss till människorna omkring oss spelar en betydande roll i våra liv. En studie, till exempel, visade att om din kompis blir överviktig så ökar din egen risk att bli överviktig med 57 procent.

Inom psykologin har man länge vetat hur mycket vi påverkar

varandra. Forskning har bland annat visat att människor har en stark tendens att sätta samma mål och till och med känna samma känslor som människorna omkring dem. Oavsett om vi är medvetna om det eller inte, så är det människorna omkring oss som avgör vad som är normalt. De ger oss riktlinjerna för hur vi ska tänka, känna och bete oss.

Om du umgås med människor som är tjuriga och lata så kommer du sannolikt att känna dig lika negativ och få lika lite gjort som dem. Men om du i stället omger dig med entusiastiska och hårt arbetande personer så är det i stället de attributen du kommer att ta till dig.

HANDLINGAR ÄR SMITTSAMMA

När jag började skriva så väntade jag nästan alltid på inspiration innan jag satte igång. Jag publicerade artiklar ytterst sällan och hade väldigt få läsare. Men sedan kom jag i kontakt med andra skribenter. Jag lärde mig hur de arbetade, applicerade deras rutiner och började skriva varje dag. Det gjorde att jag kunde börja publicera nya texter varje vecka och att jag fick allt fler läsare.

Nu för tiden är jag omgiven av extremt produktiva och framgångsrika författare. Tack vare dem skriver jag själv också bättre och oftare. Och som en följd av det har jag publicerat en serie böcker och fått fler läsare än någonsin.

Intressant nog märkte jag knappt den här förändringen i mitt arbetssätt. Människorna omkring mig satte en ny standard; ett nytt "normalt" sätt för mig att tänka, känna och agera. Och utan att medvetet välja det så anpassade jag mig till det här nya sättet att vara på.

Så stark är kraften i våra sociala kretsar. Och det är därför väldigt viktigt att vara noga med vilka du släpper in i dem. Människorna omkring dig kommer oundvikligen att "smitta" dig med sina övertygelser, känslor och ambitioner. Du kan inte göra dig själv immun mot det—men du kan välja vilka du tillåter smitta dig.

———

KAPITEL 13: SNABBSUMMERING

» Människor är sociala varelser med en stark tendens att konformera till varandra.

» Vi tar till oss samma övertygelser, känslor, attityder och mål som de omkring oss.

» Dina sociala kretsar avgör vad som är normalt för dig.

» Du kan inte göra dig själv immun mot social "smitta"—men du kan välja vilka som du tillåter smitta dig.

———

UPPGIFTER

FORMA DINA SOCIALA KRETSAR

✓ Skriv ner namnen på minst tre personer som du skulle vilja vara mer som. Om du inte kommer på någon, gör en lista på platser, evenemang eller onlineforum där du kan komma i kontakt med de här personerna.

✓ Etablera en eller flera av följande relationer:

1. En "ansvarighetspartner". Ha regelbundna träffar med någon annan där ni går igenom era mål och håller varandra ansvariga till era dagliga vanor.
2. En coach. Ta hjälp av någon som kan hjälpa dig förbättra din prestation och hålla dig ansvarig till dina mål genom regelbunden personlig coaching.
3. En mastermind-grupp. Sätt ihop en grupp på tre till fem personer med liknande mål. Träffas ansikte mot ansikte eller online en timme varje vecka för att ge varandra feedback, support och uppmuntran.
4. En mentor. Hitta någon som redan åstadkommit det du vill göra och låt den personen hjälpa dig uppnå samma sak.

KAPITEL 14

SPELA DÅLIGT BRA

Jack Nicklaus är en av världens mest framgångsrika golfspelare genom tiderna. Under sin karriär vann han 117 professionella turneringar och hans rekord på 18 majorsegrar har stått sig ända sedan han slutade 2005.

I sin bok *The Secret of Golf* återberättar sportjournalisten Joe Posnanski vad Nicklaus tycker utmärker riktigt bra golfspelare:

Jag har alltid känt att en spelares förmåga inte avgörs av hur bra han spelar när han spelar bra, utan hur bra han spelar när han spelar dåligt.

Det här är en viktig idé att ha med dig oavsett vad du vill uppnå. Låt mig förklara varför.

ATT SPELA DÅLIGT BRA ÄR HELT AVGÖRANDE

Vi vet alla hur det är att jobba mot våra mål när vi känner oss inspirerade, allt flyter på smidigt och vi gör stora framsteg. De stunderna kommer aldrig att vara ett problem. Vem som helst kan göra jobbet när allt går bra.

Det som utmärker framgångsrika personer är deras förmåga att få saker gjorda även när det går dåligt. De dyker upp och gör jobbet även om de är oinspirerade och allt tycks gå emot dem.

De vet, med andra ord, hur man spelar dåligt bra. Och det ger dem en enorm fördel i allt de gör, eftersom det gör det möjligt för dem att hela tiden bibehålla sitt momentum.

EN MISS BLIR OFTA FLERA MISSAR

Vi tänker ofta på våra vanor i ett vakuum: "Om jag struntar i gymmet idag så kommer det inte att göra någon större skillnad i mina långsiktiga resultat." Och det antagandet må vara sant, men det förbiser vikten av det momentum du förlorar.

Hoppar du över en dag så kan du lika gärna hoppa över två. Om en ledig dag inte kommer att påverka dina resultat så kommer ju inte två dagar att göra det heller. Och när du hoppat över två dagar så kan du lika gärna skippa resten av veckan. Det kommer heller inte att påverka dina resultat särskilt mycket. Och du kan ju alltid få en nystart på måndag, eller hur?

Nja, inte riktigt. För när ditt momentum är helt borta så kommer det att vara mycket svårare att hitta tillbaka till din rutin. Det kan ta dig veckor, månader eller till och med år att komma igång ordentligt igen.

Och det är därför dina dagliga resultat inte är särskilt viktiga. Det är mycket viktigare att se till att alltid behålla ditt momentum.

HÅLL "BIG MO" NÖJD OCH GLAD

I sin bok *The Compound Effect* beskriver Darren Hardy momentum som en god vän han kallar för "Big Mo". Den här kompisen är väldigt hjälpsam och bär dig gärna mot dina mål.

Men han är också väldigt nyckfull. Om du missar en dag så blir Big Mo irriterad. Om du missar två så packar han sina väskor. Och om du missar tre dagar så sticker han och kommer troligen inte tillbaka på länge.

Big Mo kan hjälpa dig uppnå mer än du någonsin trodde var möjligt. Och du bör därför alltid försöka hålla honom nöjd och glad. Så hur gör du då det?

HA TOMATBURKARNA REDO

Kommer du ihåg tomatburkarna från kapitel 6? Du vet, de små dagliga målen som är så enkla att du är nära nog garanterad att klara dem? Det visar sig att Big Mo *älskar* dem. Så när du känner att du inte är på topp, återanvänd dina tomatburkar. Sätt dina långsiktiga mål åt sidan och fokusera i stället på att bibehålla ditt momentum.

Att börja är, som du säkert märkt, nästan alltid det svåraste. Så genom att tillfälligt sänka din ambitionsnivå kan du se till att hålla Big Mo nöjd och glad. Och när du väl slagit ner en tomatburk kommer du ofta att vilja slå ner fler och större burkar. En liten insats leder ofta till en stor prestation.

Ha dina tomatburkar redo så kommer du att kunna spela dåligt bra.

———

KAPITEL 14: SNABBSUMMERING

» Oavsett vad du försöker uppnå så behöver du kunna spela dåligt bra.

» Det som utmärker framgångsrika personer är deras förmåga att dyka upp och göra jobbet även när de är oinspirerade och allt går emot dem.

» Dina dagliga resultat är inte särskilt viktiga. Det är mycket viktigare att bibehålla ditt momentum. Så se alltid till att hålla Big Mo nöjd och glad!

———

UPPGIFTER

ÅTERANVÄND DINA TOMATBURKAR

✓ När du har en dålig dag, fokusera på att bibehålla ditt momentum. Sikta på små mål som är så enkla att du är nära nog garanterad att klara dem. Om du vill så kan du markera dessa tillfällen med bokstaven T för "tomatburk" i kedjan i din kalender.

KAPITEL 15

VAR SNÄLL MOT DIG SJÄLV

Vi har gått igenom många strategier i den här boken. Men, som jag nämnt tidigare, så måste du använda dem i ditt eget liv för att upptäcka hur effektiva de faktiskt är. Och när du börjar göra det så kommer du att göra misstag då och då.

Det spelar ingen roll hur solida dina fundamentala vanor är, eller hur många strategier du implementerar. Du kommer oundvikligen att stöta på utmaningar, bakslag och misslyckanden. Och det sätt du reagerar på i de stunderna kommer att vara helt avgörande för din prestation och dina resultat.

SJÄLVKRITIK HJÄLPER INTE

"Du är så lat. Du kommer aldrig att klara det här. Du är så misslyckad."

Det här är exempel på saker som vi aldrig skulle säga till andra. Ändå har de flesta av oss inga problem med att säga dem till oss själva.

När det kommer till att motivera andra människor så förstår vi att svidande kritik och påhopp inte hjälper. Men när det kommer till att motivera oss själva så är vår uppfattning plötsligt annorlunda. Av någon anledning tror vi att vi måste vara hårda mot oss själva för att uppnå våra mål. Och det är problematiskt, inte bara för att hård självkritik får oss att må dåligt, utan också för att det kraftigt minskar våra chanser att uppnå våra mål.

Så i stället för att vara din egen värsta fiende—var din egen bästa vän. Sluta klanka ner på dig själv och stötta dig själv i stället. Byt ut din självkritik mot självmedkänsla.

VETENSKAPEN OM SJÄLVMEDKÄNSLA

Inom västerländsk psykologi är självmedkänsla ett relativt nytt forskningsområde, men själva konceptet har funnits länge inom buddhismen.

Kristin Neff är en av de ledande forskarna på området. I sin bok *Self-Compassion* definierar hon självmedkänsla som förmågan att "erbjuda medkänsla till sig själv vid tillfällen av upplevd otillräcklighet, misslyckanden eller allmänt lidande":

I stället för att skoningslöst döma och kritisera dig själv för tillkortakommanden och brister så betyder självmedkänsla att du är vänlig och förstående när du konfronteras med personliga motgångar—för vem har egentligen sagt att det är meningen att du ska vara perfekt?

Enligt Neffs definition består självmedkänsla av tre delar:

1. Mindfulness. Att hålla sina smärtsamma tankar och känslor i medveten närvaro, snarare än att undvika dem eller överidentifiera sig med dem.

2. Gemensam mänsklighet. Att se sin felbarhet som ett resultat av det allmänmänskliga tillståndet, snarare än som personliga tillkortakommanden.

3. Självvänlighet. Att vara snäll och förstående mot sig själv, snarare än självkritisk.

Forskare har funnit att personer med hög självmedkänsla upplever många fördelar, som exempelvis:

» **Mindre ångest och depression.** Självmedkänsla minskar självkritik och självkritik är kopplad till ångest och depression.

» **Ökad produktivitet.** Höga nivåer av självmedkänsla bland studenter är kopplat till färre uppskjutandebeteenden och större motivation till att slutföra uppgifter.

» **Större kreativitet.** Självdömande personer uppvisar mer "kreativ originalitet" efter att de gjort övningar i självmedkänsla.

» **Bättre självkontroll.** Rökare som ger sig själva medkänsla istället för kritik lyckas bättre med att dra ner på sitt rökande.

» **Förbättrade relationer.** Personer med självmedkänsla beskrivs av sina partners som mer emotionellt engagerade och mindre frånvarande.

Till skillnad från vad många tror så leder alltså inte självkritik till bättre självdisciplin. Om du vill må, fungera och prestera på topp så behöver du stötta dig själv.

SÅ UTVECKLAR DU SJÄLVMEDKÄNSLA

När du får en impuls att kritisera dig själv, kom ihåg att skam och skuld inte kommer att göra saken bättre. Om du presterat sämre än du önskat så kommer överdriven självkritik bara att göra det ännu svårare att komma tillbaka. Att vara elak mot dig själv är varken hälsosamt eller produktivt.

Så använd i stället dessa tillfällen till att öva upp din självmedkänsla. Kristin Neff rekommenderar att du använder ett mantra som guidar dig igenom de tre delarna av självmedkänsla (mindfulness, gemensam mänsklighet och självvänlighet.) Lägg dina händer på ditt hjärta och känn den varma och mjuka beröringen på ditt bröst. Säg sedan till dig själv:

1. "Det här är ett smärtsamt ögonblick."

Här ger du uttryck för mindfulness. Andra alternativ är:

» "Det här gör ont."
» "Aj."
» "Det här är svårt."

2. "Smärta är en del av livet."

Här ger du uttryck för gemensam mänsklighet. Andra alternativ är:

» "Andra människor känner också så här."
» "Jag är inte ensam i det här."
» "Alla känner så här ibland."

3. "Må jag vara snäll mot mig själv."

Här ger du uttryck för självvänlighet. Andra alternativ är

» "Må jag ge mig själv det stöd jag behöver."
» "Må jag acceptera mig själv precis som jag är."
» "Må jag förlåta mig själv för det här."

Se de här fraserna som förslag. Använd dem som inspiration för att skapa ett mantra med dina egna ord. Det viktiga är att du hittar en formulering som inkluderar självmedkänslans alla tre delar och som känns rätt för dig.

———

KAPITEL 15: SNABBSUMMERING

» Du kommer oundvikligen att stöta på utmaningar, bakslag och misslyckanden. Och det sätt du reagerar på i de stunderna kommer att vara helt avgörande för dina framtida resultat.

» Självkritik drar ner dig. Det får dig att må dåligt och minskar din förmåga att uppnå dina mål.

» Självmedkänsla lyfter upp dig. Det får dig att må bra och ökar din förmåga att uppnå dina mål.

» Självmedkänsla består av tre delar: mindfulness, gemensam mänsklighet och självvänlighet.

———

UPPGIFTER

TRÄNA SJÄLVMEDKÄNSLA

✓ Skapa ett mantra för självmedkänsla som ger uttryck för mindfulness, gemensam mänsklighet och självvänlighet.

✓ När du upplever en motgång, lägg dina händer på ditt hjärta, känn den varma och mjuka beröringen på ditt bröst och upprepa mantrat för dig själv.

AVSLUTANDE TANKAR OM SJÄLVDISCIPLIN

Nu närmar vi oss slutet på vår resa tillsammans. Men innan du stänger boken och implementerar vanorna och strategierna i ditt liv så vill jag dela en avslutande idé med dig.

1995 släppte filmstudion Pixar *Toy Story*—den första datoranimerade långfilmen. Sedan dess har studion producerat massvis av filmer, inklusive titlar som *Ett småkryps liv, Monsters, Inc., Hitta Nemo, Superhjältarna, Bilar, Råttatouille* och *WALL-E*. Den här långa listan av kassasuccéer har gett Pixar sexton Oscars, sju Golden Globes, elva Grammys och hel drös andra priser.

I sin bok *Little Bets* förklarar författaren Peter Sims att det finns mycket vi kan lära av hur Pixar skapar sina exceptionellt framgångsrika filmer.

FRÅN USEL TILL "O-USEL"

De flesta av oss utgår ifrån att briljanta företag som Pixar alltid vet vad de ska göra härnäst. Vi antar att studion jobbar ungefär så här:

1. Ett av deras anställda genier får en briljant idé.
2. Geniet förklarar sin briljanta idé för resten av deras superskickliga arbetslag.
3. Det superskickliga arbetslaget förvandlar snabbt och felfritt geniets briljanta idé till en fantastisk film och kassasuccé.

Men i verkligheten är det inte alls så här det fungerar. Sanningen är att alla Pixars filmer genomgår en lång process med massvis av justeringar innan de blir klara.

Visst, projektet startar med en idé, men filmen förändras många gånger innan den släpps. Faktum är att Pixar utgår ifrån att de första versionerna av deras filmer kommer att vara riktigt dåliga.

Pixar är därför villiga att justera allt i sina filmer tills de inte är dåliga längre. Deras process går ut på att ta sig från usel till "o-usel".

ETT BERG AV STORYBOARDS

För varje film Pixar producerar skapar de tusentals storyboards. Det här är handtecknade serietidningsversioner av filmen som innehåller idéer för karaktärerna och vad de gör i varje scen.

De som arbetar med projektet kommer på mängder av idéer, men väldigt få av dessa används i slutprodukten. Och antalet story-boards de använder ökar för varje framgångsrik film de släpper. Hittills har de skapat:

» 27 565 storyboards till *Ett småkryps liv;*
» 43 536 storyboards till *Hitta Nemo;*

» 69 562 storyboards till *Råtatouille*;
» 98 173 storyboards till *WALL-E.*

Det är tydligt att Pixar inte har för avsikt att dra ner på sina juste-
ringar. Och du har mycket att vinna på att använda samma tillvä-
gagångssätt.

DIN FÖRSTA PLAN ÄR INTE PERFEKT

De flesta av oss tror att de förändringar vi vill åt ska ske precis på
det sätt som vi tänkt oss. Om vi bara skapar en tillräckligt bra plan
så utgår vi ifrån att vi kommer att kunna fullfölja den utan några
större problem. Och det kanske vi kan, i en vecka eller två. Men
förr eller senare kommer det visa sig att det finns hål i planen.

Kanske märker vi att vi inte har tillräckligt med energi för att gå på
gymmet efter jobbet. Eller att boken vi planerade att läsa är tråkig.
Eller att vi inte har tillräckligt med tid till att förbereda den där
hälsosamma maten vi planerat. Därefter förlorar vi snart vårt
momentum (hejdå, Big Mo), våra goda intentioner rinner ut i
sanden och vi ger upp.

SKAPA STÄNDIGT NYA STORYBOARDS

Om du känner igen det här frustrerande scenariot så ska du veta att
det inte beror på att du är lat eller saknar självdisciplin. Problemet
är att du förlitar dig alldeles för mycket på den första versionen av
din plan.

Du överskattar din förmåga att förutse alla hinder som kommer att
dyka upp i din väg och som en följd av det känns varje litet bakslag
som ett stort misslyckande.

Och det är därför Pixars tillvägagångssätt är så kraftfullt. Det tillåter dig att skapa ett första utkast i stället för en komplett plan. Du utgår ifrån att den första versionen kommer att ha hål. Troligtvis massor av dem. Faktum är att din plan antagligen kommer att vara usel.

Det här gör det möjligt för dig att möta motgångar utan att bli nedslagen. Du vet att din plan är under utveckling, så varje gång du stöter på ett hinder skapar du helt enkelt en ny "storyboard".

Och för varje version du skapar så tar du din plan ett steg ifrån usel och ett steg närmare "o-usel".

Här är en kraftfull "hjärntatuering":

DET FINNS INGA MISSLYCKANDEN, BARA FEEDBACK

Om du har misslyckats mycket fram till nu så betyder det inte att *du* är misslyckad. Det betyder bara att du skapat många storyboards.

Och det är faktiskt positivt, för det betyder att du har en väldigt bra förståelse för vad som som inte fungerar för dig. Nu behöver du bara skapa en ny storyboard och försöka igen. Om den inte fungerar så skapar du helt enkelt en ny och testar igen. Och igen. Och igen. Och igen.

Genom att kontinuerligt justera vanorna och strategierna i den här boken så förfinar du din plan tills den fungerar för dig. Det enda sättet att misslyckas är att ge upp—så vägra att göra det.

BYGG DITT BERG AV STORYBOARDS

Pixar var villiga att skapa 98 173 storyboards för att färdigställa *WALL-E*. Och de kommer fortsätta att göra ännu fler storyboards till sina framtida filmer. Pixar slösar inte tid på att oroa sig för motgångar. Och det behöver inte du göra heller.

Frågan är nämligen inte om du har vad som krävs. Frågan är hur många storyboards du är villig att skapa. Så länge du inte slutar så gör du framsteg. Och när du gjort tillräckligt många framsteg kommer du att vara där du vill vara.

Hur kommer din nästa storyboard att se ut?

DIN TILLHÖRANDE ARBETSBOK

Vi har gått igenom många strategier i den här boken. Om du inte redan gjort det så rekommenderar jag att du laddar ner den kompletterande arbetsboken. Med hjälp av den kommer du enkelt att kunna göra uppgifterna i slutet på varje kapitel och applicera allt du lärt dig i ditt eget liv. Besök webbadressen nedan för att ladda ner din arbetsbok helt gratis:

→ patrikedblad.se/arbetsbok ←

FÖRFATTARENS TACK

Jag fick enormt mycket hjälp när jag gjorde den här boken. Först och främst vill jag tacka min fru Lisa som, i vanlig ordning, gav mig smarta råd och oumbärlig stöttning genom hela processen. Jag vill också tacka alla familjemedlemmar, vänner och författarkollegor som hjälpt till på olika sätt.

När det kommer till innehållet i boken finns en lång lista fantastiska författare, forskare och tänkare att tacka. Albert Gray, Walter Mischel, Abraham Maslow, Vince Lombardi, John Wooden, Charles Duhigg, Brian Johnson, James Maas, James Clear, Leo Babauta, Brian Wansink, Katy Bowman, John Ratey, Michelle Segar, Mark Manson, Jon Kabat-Zinn, Chuck Close, Carol Dweck, Jim Collins, Simon Sinek, Angela Duckworth, Warren Buffett, Charlie Munger, Ian Robertson, Teresa Amabile, B.F. Skinner, Neil Fiore, Daniel Reeves, Scott Dinsmore, Daniel Kahneman, Amos Tversky, Seneca, Greg McKeown, Dan Ariely, Mihaly Csikszentmihalyi, BJ Fogg, Solomon Asch, Darren Hardy, Kristin Neff och Peter Sims har alla bidragit till min förståelse för hur självdisciplin fungerar. Om du gillade den här boken så rekommenderar jag att du kollar in deras arbete också.

Ett stort tack också till Elenor Edblad, Peter Lindmark, Peter Sahlin och Simon Hansson som korrekturläste boken, Sarah Moore som skapade omslaget till den och Daniel Sjöstedt som skrivit förordet och hjälpt till på massvis av olika sätt.

Jag har säkert glömt några personer men jag har en uppdaterad lista med alla som stöttat mitt arbete på patrikedblad.se/tack.

Till sist vill jag också tacka *dig*. Livet är kort och det finns oräkneliga böcker att välja bland. Tack för att du delade lite av din dyrbara tid med mig genom att läsa den här boken. Jag hoppas att du tyckte om den.

www.ingramcontent.com/pod-product-compliance
Lightning Source LLC
Chambersburg PA
CBHW072203290526
45794CB00004B/1624